Christine Klaes

Der kleine Goliat

Bibliodrama mit Kindern

R. BROCKHAUS VERLAG WUPPERTAL

ABCteam-Bücher erscheinen in folgenden Verlagen:

Aussaat Verlag Neukirchen-Vluyn
R. Brockhaus Verlag Wuppertal
Brunnen Verlag Gießen und Basel
Christliches Verlagshaus Stuttgart
Oncken Verlag Wuppertal und Kassel

© 1996 R. Brockhaus Verlag Wuppertal
Umschlag: Dietmar Reichert, Dormagen
Zeichnungen im Innenteil: Nicola Weinnoldt, Münster
Gesamtherstellung: Breklumer Druckerei Manfred Siegel KG
ISBN 3-417-11099-8
Bestell-Nr. 111 099

INHALT

Einführung

1. Was ist »Bibliodrama«?

Entstanden ist das Bibliodrama in der kirchlichen Erwachsenenbildung, als es darum ging, die Bedeutung biblischer Texte für Menschen heute zu diskutieren und nach neuen Wegen ihrer Darbietung zu suchen.

Das Wort »Bibliodrama« setzt sich aus zwei Wortteilen zusammen: »biblio« geht auf das griechische »biblion« bzw. »biblos« zurück, das »Schriftstück/Buch« bedeutet und damit Texte aller Art einbezieht. Der zweite Teil »drama« heißt soviel wie »Inszenierung/Spiel«. Unter Bibliodrama wird heute allgemein eine Möglichkeit der Textauslegung verstanden, bei der biblische Texte zu Handlungen werden, indem eine Gruppe sie spielerisch gestaltet.

»Vorfahren« des Bibliodramas sind »Biblisches« oder »Literarisches Rollenspiel«, »Erleben biblischer Geschichten«, »Darstellendes Spiel«, »Szenisches Interpretieren«, »Selbsterfahrung mit der Bibel« oder »Bibeltheater«. Den Begriff selbst gibt es seit fast 30 Jahren. Erfahrungen und Methoden aus Theologie und Diakonie, aus Theaterarbeit, Pädagogik, Psychologie, aus Meditation, Tanz und Bewegungslehre haben Eingang gefunden in die bibliodramatische Arbeit.

2. Das Ziel bibliodramatischer Arbeit

Das Bibliodrama beabsichtigt eine ganzheitliche Begegnung mit dem biblischen Text – ein »Verstehen mit Leib und Seele, mit Herz und Verstand«. »Der Text, das Wort, wird dabei in andere ›Sprachen‹ *übersetzt* – in die Sprache des Körpers, des Klangs, des Bildes, der Gestalt – das Wort wird ›Fleisch‹.«[1] Diese vielfältigen Ausdrucksformen eröffnen in besonderer Weise den Zugang zu der im Text enthaltenen Wahrheit – der »des Bösen, des Schmerzes und des Leidens« ebensosehr wie der »des Guten, des Heiles und der Freude«.[2] Es geht nicht nur um ein rationales Verstehen, sondern um ein »Berührtwerden« vom Text. Ziel ist eine enge Beziehung zwischen der Glaubensgeschichte und der persönlichen Geschichte. Im spielerischen Gestalten berühren sich Wirkung und Erfahrung des biblischen Textes mit der Lebenssituation des einzelnen.

In Geschichten allgemein und in den biblischen Geschichten speziell wird erzählt, wie es Menschen im Lauf ihres Lebens ergehen kann. Sie vermitteln eine Ahnung oder gar Einsicht in das, wer oder was ich bin, wer oder was die anderen sind und was – bewußt oder unbewußt – in uns lebt. Sie helfen, eigene Grenzen und Möglichkeiten zu entdecken und sich damit auseinanderzusetzen. Durch das Übernehmen einer »Rolle« innerhalb des bibliodramatischen Spiels kommt die innere Entwicklung in Gang: Das Kennenlernen der biblischen Szenen, Handlungen und Figuren und damit die Begegnung mit Gott vollziehen sich nicht nur im Kopf, sondern werden am eigenen Leib nachvollzogen und erlebt und mit persönlichen Erfahrungen in Beziehung gebracht. Auf diese Weise werden auch Gefühle und unbewußte und triebhafte Aspekte der Persönlichkeit angesprochen und einbezogen. Verborgene Emotionen kommen hervor, werden aufgearbeitet und in Worte gefaßt. Dadurch entsteht die Möglichkeit, sie in die Persönlichkeit bewußt zu integrieren. Neue Emotionen können entstehen und den Erfahrungsschatz bereichern. Geschützt durch die »Rolle« dürfen alle Aspekte im Spiel »ausgelebt« werden.

Diese Offenlegung und Entdeckung der eigenen Persönlichkeit im Spiegel biblischer Geschichten fördert die Entstehung einer ganzheitlichen Persönlichkeit und einen Glauben, der den *ganzen* Menschen umfaßt. Selbstwahrnehmung und -erkenntnis ist eine wesentliche Voraussetzung, um sich zu dem Menschen zu entwickeln, wie Gott ihn geschaffen und eigentlich »gedacht« hat. Sie ist notwendig, um einen persönlichen Standpunkt zu erarbeiten: So bin ich und das kann und will ich! Abgewehrte und »aberzogene« Anteile der Persönlichkeit und damit verbundene Ängste dürfen, mit welcher »Sprache« auch immer, ausgesprochen werden – sie gehören zur Person dazu und verlangen, »gehört« und erkannt zu werden.

Im Bibliodrama ist Raum dafür. Es setzt den Menschen innerlich und äußerlich in Bewegung: Durch das *Erleben* biblischer Geschichten innerhalb einer Gemeinschaft entsteht ein *Erkennen*, dem ein zielgerichtetes Tun folgt. Dieses pädagogische Prinzip verfolgt die bibliodramatische Arbeit, so wie sie in diesem Buch vorgestellt wird.

Religiöse Erziehung, die ja bereits beim Säugling und Kleinkind, spätestens aber in Kindergarten und Schule beginnt, berücksichtigte in der Vergangenheit zu wenig die Ganzheit des Menschen; Leib, Seele und Geist müssen eine wohl aufeinander abgestimmte Einheit bilden, damit der Mensch ein »gesunder Christ« sein kann. Ein Bearbeiten biblischer Geschichten über möglichst viele »Kanäle« kann eine größere Übereinstimmung dieser Teilaspekte herbeiführen und so eine gesunde, ganzheitliche Entwicklung der Person in ihrer Beziehung zu Gott und den Menschen bewirken.

Gerade für Kinder ist dieses »Erleben«, dieses handelnde Gestalten biblischer Inhalte und Wahrheiten außerordentlich wichtig, da sie so selbst ihre Erfahrungen und Erkenntnisse sammeln können. Meistens werden den Kindern die Glaubenserkenntnisse und -bekenntnisse vorgegeben; sie lernen sie auswendig. Das heißt aber nicht, daß sie auch von ihnen verinnerlicht, mit ihrem Inneren in Einklang gebracht werden. In der Praxis zeigt sich dann, daß diese Erkenntnisse zwar intellektuell erinnert werden können, aber entweder wenig Einfluß auf das praktische, alltägliche Leben haben, oder zu Unsicherheit und fortwährender Angst vor Sünde führen.

Religiöse Erziehung steht in der Gefahr, moralisierend zu wirken, wenn es um das Verhalten und Tun von Menschen, insbesondere Kindern geht: Sie lernen, daß Böses zu denken und zu tun Sünde ist und deshalb möglichst vermieden werden muß; wer dies nicht schafft, ist kein guter Mensch bzw. Christ. Die Folge sind ein stetig schlechtes Gewissen, Aggressionen oder sogar Depressionen, obwohl Gott eigentlich Freude und Freiheit schenken möchte.

Das Gewähren eigenen Erlebens und persönlicher Erfahrungen dagegen öffnet einen Raum, in dem Verständnis, Geduld, Barmherzigkeit und Vergebungsbereitschaft natürlich und aufrichtig wachsen können. Sünde zu vermeiden, ist dann kein zwanghaftes

7

Muß, sondern eine freiwillige Entscheidung aufgrund einer gewonnenen Einsicht. Deshalb gibt es beim bibliodramatischen Spiel auch kein »Richtig« oder »Falsch«, da jedes Kind sich möglichst »authentisch«, echt, verhalten soll. Der Spiegel der biblischen Geschichte und der Gruppe bewirkt durch dieses Erleben die dem jetzigen Entwicklungsstand gemäße Erkenntnis und dann auch das Tun.

Biblische Geschichten sind Glaubensgeschichten: Sie machen immer ein Glaubensangebot und laden zu einer Entscheidung ein. Nach jüdischer Tradition ist der Glaube ein dauerndes Lernen, und auch die christliche Tradition versteht Glauben-Lernen als dauernden Prozeß. Das Bibliodrama kann dem einzelnen in besonderer Weise dabei helfen, seinen Glauben oder auch Unglauben offenzulegen. Es kann den Prozeß der Glaubensbildung in Gang bringen.

Glaube heißt aber auch Hineinwachsen in die Gemeinschaft der Glaubenden. Die biblische Geschichte verbindet alle, die sie hören und gestalten, in ihrer Verschiedenartigkeit, weil alle darin vorkommen. Die Botschaft, die vermittelt wird, kann für jeden eine andere sein, aber allen gilt das uneingeschränkte Angebot der Liebe Gottes. Die Geschichte spannt sozusagen ein Netz, in dem alle aufgefangen werden. Das Bibliodrama vermittelt diese Erfahrung besonders intensiv und lebendig. Dadurch erhält die Geschichte eine heilende, therapeutische Wirkung: Es geht letztendlich um das »Ganzwerden« im biblischen Sinne, das Heilwerden des Menschen in der Welt, in der er lebt.

Die bibliodramatische Arbeit mit Kindern führt über die religiöse Erfahrung und Glaubensbildung hinaus zu wichtigen »Nebenprodukten«, die ihrer Persönlichkeitsentwicklung sehr nützlich sind:

Indem die Kinder beginnen, sich in die Standpunkte anderer Menschen einzufühlen, sie wahrzunehmen und zu erkennen, rücken sie von ihrer ursprünglich egozentrischen Einstellung, bei der sie sich selbst als Mittelpunkt der Welt sehen, ab. Ihre Bereitschaft wird geweckt, auf andere Menschen zuzugehen, ihnen mutig gegenüberzutreten, sie anzunehmen und mit ihnen Frieden zu halten. Furcht vor dem Unbekannten und Fremden wird abgebaut.

Ein gutes Miteinander kann aber nur gelingen, wenn die Beteiligten über das nötige Rüstzeug verfügen. Auch darin werden die Kinder angeleitet: Sie können sich darin üben, miteinander zu reden (die Körpersprache eingeschlossen) und über ihr Miteinander-Reden wiederum gemeinsam nachzudenken und zu sprechen. Sie werden sensibel für das, was andere mit ihren Worten, ihrer Gestik und Mimik ausdrücken wollen. Außerdem lernen sie, sich selbst zu beobachten und zu kontrollieren und sich darüber mit den anderen der Gruppe auseinanderzusetzen – eine wichtige Voraussetzung für Verhaltensänderungen, die nicht von außen (vom Lehrer o.a.) an sie herangetragen werden, sondern aus ihnen selbst kommen. Auf diese Weise »erziehen« sich die Kinder in spielerischer und dabei eigenständiger Form selbst.

3. Elemente des Bibliodramas mit Kindern

Für die Arbeit mit dem Bibliodrama ist es notwendig, sich vorab eingehend mit dem Bibeltext und den Voraussetzungen der Kinder auseinanderzusetzen, und zwar auf drei Ebenen[3]:

– Auf der Ebene der persönlichen Erfahrung: In welchem Umfeld leben die Kinder? Welches Wissen, welche Spielerfahrungen bringen sie bereits mit? Wie gut kennt sich die Gruppe? Welche Bedeutung kann der Text für die Situation der Kinder insgesamt, aber auch für einzelne haben? An welche Erfahrungen kann er anknüpfen, in welcher Weise kann er sie weiterführen und völlig neue Erfahrungen vermitteln bzw. persönliche Eigenschaften und Gefühle bewußtmachen?

– Im Bereich der symbolischen, kulturellen und politischen Deutung: Welche symbolischen Elemente enthält ein Text und wie können/müssen sie gedeutet werden? Wie kann den Kindern ein erfahrungsorientierter Zugang zu den symbolischen Gehalten ermöglicht werden? Wie haben die Menschen früher gelebt? Welche gesellschaftlichen und politischen Strukturen haben das Leben der Menschen beeinflußt? Was und wieviel müssen die Kinder wissen, um den Text, die Geschichte des Textes verstehen zu können? Welche Parallelen existieren im Leben der Kinder?

- Im religiösen Bereich: Welches Gottesbild vermittelt der Text? Welche Glaubensaussagen macht er und wie können sie sich praktisch im Leben der Kinder auswirken? Über welche Glaubensvorerfahrungen verfügen die Kinder? Welche Fragen/Probleme wirft ihre bisherige religiöse Erziehung in Verbindung mit dem Text auf?

Diese intensive Vorbereitung bringt dem Bibliodrama-Leiter* zunächst großen persönlichen Gewinn und führt zu zahlreichen neuen Entdeckungen sowohl in bezug auf die Bibel als auch auf sich selbst, die Kinder und die Welt, in der er lebt. Dies bewirkt wiederum eine engagiertere und überzeugendere, vor allem aber verantwortbare Präsentation gegenüber den Kindern, die leicht sowohl in eine positive als auch negative Richtung zu beeinflussen sind. Das Urteil und das Vorbild des Erwachsenen sind für Kinder im Grundschulalter noch außerordentlich maßgebend.

Im einzelnen sollte ein Bibliodrama wie folgt aufgebaut sein:

3.1 Einstimmung und Vorbereitung

Zuerst müssen alle Kinder »ankommen«. Damit die Arbeit mit dem Text auch wirklich fruchtbar werden kann, sollten alle vorherigen Erlebnisse, Ärgernisse und Ängste möglichst »abgeschaltet« werden. Erleichtert wird dies z.B. durch eine schöne Raumgestaltung, angenehmes Licht und die Sitzordnung (am besten im Kreis, da sich so alle sehen und wahrnehmen können und so Geborgenheit vermittelt wird).

Bereits hier sollten schon möglichst vielseitige Erfahrungen ermöglicht werden, an die man später leicht anknüpfen kann. »Reden und Schweigen, Verstand und Herz, Stimme und Körper, Phantasie und Traum . . . die Instrumente wollen ›geweckt‹ sein.«[4] Bei Kindern findet dies vor allem in spielerischer Form statt.

Gemeinsames *Singen* und *Miteinander-Sprechen, Musik* und *Tanz* »öffnen« und führen zueinander.

Sogenannte *Körperarbeit* fördert Bewußtheit durch Bewegung.

---

* Um der besseren Lesbarkeit willen verzichte ich darauf, jeweils die männliche *und* die weibliche Form zu nennen.

10

Die vorerst allgemeineren Übungen werden im Verlauf des Bibliodramas wieder aufgenommen und im Zusammenhang der Geschichte vertieft. Durch die Wiederholung wird die Wahrnehmung intensiviert. Die Kinder lernen ihren Körper kennen, lernen ihn loszulassen und bewußt zu steuern. Gezielte Entspannungsübungen fördern zudem die Aufmerksamkeit und Konzentration. Alle diese Erfahrungen dienen letztendlich dazu, Gott und seine Schöpfung am eigenen Leib zu erfahren.

Ein weiteres wichtiges Element bibliodramatischer Arbeit ist das *Malen,* das bildnerische Festhalten von Eindrücken in Ruhe und Einkehr. Das Malen ist ein unmittelbarer Ausdruck inneren Erlebens. Es fördert die Konzentration auf Eigentliches und den Zugang zu Unbewußtem.

Bei sogenannten *Gedankenreisen* gehen die Kinder in ihrer Vorstellung an einen vorgegebenen Ort oder in eine bestimmte Situation hinein und lassen dort ihre Phantasie spielen. Auch *Einfühlungsübungen,* bei denen sich die Kinder völlig in die Rolle einer anderen Person hineindenken, *Musik- und Bildmeditationen* helfen, ruhig zu werden und sich zu sammeln. Hierbei kommen Gefühle unterschiedlichster Art vor: Angst, Hilflosigkeit, Macht, Hoffnung, Freude usw. Sie geben Anlaß zum weiteren Nachdenken, Besprechen und Bearbeiten (z.B. durch Malen).

Ein letztes methodisches Element ist das *Rollenspiel.* Das Spiel, insbesondere das Rollenspiel, ist eine dem Kind gemäße Art, zur Wirklichkeit Zugang zu finden, also auch zur geistlichen Wirklichkeit. Die Person, die im Spiel eine Rolle übernimmt, ist in Wirklichkeit mehr als ihre Rolle, die Rolle ist nur der Zugang zur eigenen persönlichen Welt. Im Spiel ist ein Probehandeln möglich, ohne daß das Kind wegen »ungehörigem Rollenverhalten« Sanktionen befürchten muß. Jedes Kind darf seine Rolle frei auswählen und gestalten, es gibt keine Zensur. In einem anschließenden Gespräch werden die Spiele gemeinsam in bezug auf das Erleben in der Rolle oder als Zuschauer reflektiert. Da es hier vor allem um persönliche Gefühle geht und jeder in seinem persönlichen Erleben angesprochen ist, wird nicht bewertet. Wenn überhaupt »bewertet« wird, dann das eigene Denken, Fühlen und Tun.

Diese Einstimmungsphase, deren Elemente jeweils passend zum Text und zur Gruppensituation zusammengestellt werden, ähnelt einem *Ritual*, verbunden mit klaren Regeln und Anweisungen. Gerade Kinder brauchen Rituale. Die Wiederholung von einmal bekannten Strukturen vermittelt ihnen das Gefühl von Zuverlässigkeit und Sicherheit. »Riten bedeuten Schutz vor Willkür oder Zufälligkeit, vor Unerwartetem, Bedrohlichem. Sie bestehen in Wiederholung bestimmter Handlungen, und jeder Teilnehmer bei einem Ritual ist gehalten, sich den verschiedenen Handlungen einzufügen, sich unterzuordnen, sie zu achten, sie im Ernst zu vollführen; denn sie stellen für die Beteiligten etwas Verbindliches dar.«[5] Ein solcher »ritueller« Ablauf hilft, den Übergang von der »Außenwelt« (z.B. der Familie, mit der die Kinder vorher zusammen waren, oder den Inhalten und Themen, mit denen sie sich vorher beschäftigt haben) zur »Innenwelt« zu vollziehen; sie wenden sich von ihrem sogenannten Alltagsbewußtsein ab hin zu einem Bewußtsein, das nach innen gerichtet ist.

Wichtig dabei ist, daß dies in Ruhe und möglichst ohne Zeitdruck geschieht. Stehen nur eineinhalb Stunden (z.B. die Dauer einer Jungscharstunde) zur Verfügung, sollte man die zeitaufwendigen Aufgaben, z.B. das Malen, weglassen und auch für den Abschluß eine möglichst kurze praktische Arbeit auswählen.

3.2 Die Erarbeitung der Geschichte

Nachdem die Kinder nun »angekommen« sind, kann die Geschichte erzählt oder von älteren Kindern auch selbst gelesen werden. Das Erzählen hat den Vorteil, daß die Kinder bei einzelnen Phasen oder Aspekten gleich spielerisch mit in die Geschichte hineingenommen werden können. Hier und da werden *ergänzende Erklärungen* notwendig sein, die den historischen, kulturellen und religiösen Hintergrund beleuchten oder Wörter und Redewendungen verständlich machen.

Die in diesem Buch vorgestellten Spiel- und Übungsvorschläge sind nur als Anregung zu verstehen. Kinder verfügen über eine reiche Phantasie und Kreativität, so daß man sich hier und da ruhig von den Ideen der Kinder leiten lassen sollte. Als oberstes Gebot gilt, daß die Kinder möglichst viel »Nähe« zur Geschichte bekommen.

Abschließend kann die Geschichte je nach vorhandenem Zeitumfang als Ganzes gespielt werden. Da Kinder gerne zeigen, was sie gespielt und eingeübt haben, könnten sie die Geschichte auch noch einem ausgewählten Publikum (z.B. einer anderen Kindergruppe oder den Eltern) vorspielen. Das heißt nicht, daß aus der Geschichte ein Theaterstück mit Dekoration und Requisiten entstehen soll. Es geht vielmehr darum, die mit Körper und Stimme vorbereiteten Szenen mit eben diesen Mitteln vorzutragen und dabei vor allem die innere Vorstellungskraft anzusprechen.

3.3 Der Bezug zur Umwelt des Kindes

Da das Ziel der bibliodramatischen Arbeit nach dem Erleben und Erkennen das Tun ist, enthalten alle Kapitel Aufgaben und Beispiele, die von den Kindern im Anschluß an das Bibliodrama bearbeitet werden können. So können sie z. B. konkrete Schritte als Beweis ihres Gehorsams gegenüber Gott in ihrem eigenen Alltag aufspüren, über Wege nachdenken, wie man gegen »Riesen« ankommen und in »Stürmen« bestehen kann.

Abraham

(1. Mose 12,1-9; 13,14-18; 17,1-8+15-21)

1. Zum Text

Nachdem Abraham schon mit seinen Angehörigen aus Ur in Chaldäa ausgewandert ist und in Haran (Mesopotamien) seine zweite Heimat gefunden hat, bekommt er nun von Gott den Auftrag, sich erneut auf den Weg zu machen und in ein fremdes, unbekanntes Land zu ziehen. Das ist ein Wagnis, denn Abraham muß die Geborgenheit und Vertrautheit des Vaterlandes und der Verwandtschaft verlassen, völlig im Ungewissen darüber, wo er ankommen wird. Aber Abraham wagt es, und die Verheißungen, die Gott an diesen Auftrag knüpft, erfüllen sich schließlich: Abraham und Sara wird noch im hohen Alter – entgegen allen menschlichen Erwartungen – ein Sohn geboren. Damit ist die Voraussetzung zur Entstehung und Ausbreitung einer großen Nachkommenschaft geschaffen: Die Geschichte Israels beginnt und damit letztlich auch die Vorgeschichte der Gemeinde Jesu.

Die Geschichte von Abraham ist ein Bild für die Lebenssituation eines jeden Menschen, insbesondere aber für den Menschen, der sein Leben im Vertrauen auf Gott gestalten möchte. Wie aktuell sie gerade heute ist, wird in den folgenden Einzelaspekten deutlich.

1.1 Gott spricht zu Abraham

Es ist ein Zeichen besonderer Barmherzigkeit und Geduld, daß Gott trotz all seiner schlechten Erfahrungen und Enttäuschungen mit den Menschen zu Abraham spricht. Er pickt sich Abraham heraus, der bereits bewiesen hat, daß er Gott treu sein kann, denn in Haran mußte er sich gegen den Glauben an eine Mondgottheit, gegen imponierende Weltentwürfe und faszinierende Existenzinterpretationen behaupten. Es ist erstaunlich, daß Abraham Gottes Reden aus allen anderen Stimmen heraushört. Er ist kritisch und wach genug, um Gottes Reden zu erkennen und zu verstehen.

Für uns ist es heute nicht minder schwierig, Gottes Reden wahrzunehmen: Akustische Einwirkungen, zahlreiche andere sinnliche Reize, dazu viele logisch und verlockend erscheinende Weltanschauungen bei gleichzeitigem Werteverfall machen es uns schwer, das Richtige vom Falschen zu unterscheiden und an unserer, vielleicht konservativ anmutenden Beziehung zu Gott festzuhalten.

In welcher Gefahr stehen insbesondere die Kinder, die erst noch Persönlichkeit und Standfestigkeit entwickeln müssen – und das inmitten dieses Wirrwarrs! Darum gilt es, Kinder in ihren Wahrnehmungen insgesamt sensibel zu machen, damit sie auch für das Reden Gottes offen und empfänglich werden bzw. bleiben. Dies geschieht, indem ihnen vielfältige (Sinnes-)Wahrnehmungen und damit das Unterscheiden-Lernen ermöglicht werden.

1.2 Geh . . .!

Gottes Auftrag an Abraham bedeutet einen tiefen Einschnitt in sein Leben. Er soll seine Heimat, seine Verwandtschaft, seine Freunde, alles, was ihm vertraut ist und Geborgenheit gibt, verlassen und in ein neues Land ziehen, von dem er nichts weiß – hinein in eine vollkommen ungewisse Situation. Selbst die Verheißung, die Gott an diesen Auftrag knüpft, klingt so unwahrscheinlich, daß es wirklich erstaunlich ist, mit welcher Bereitschaft und Selbstverständlichkeit Abraham trotz seines hohen Alters von 75 Jahren auf diesen Auftrag eingeht. Mit seiner Frau Sara, seinem Neffen Lot, seinen Knechten und Mägden und seinen Tierherden macht er sich auf den Weg. Sein Handeln zeugt davon, daß er nicht nur äußerlich beweglich und gesund ist, sondern vor allem innerlich beweglich, »unterwegs« ist, eine Fähigkeit, die älteren Menschen oft abhanden kommt.

Abraham, der Ursprung des Volkes Israel und der Gemeinde, gibt damit als lebendiges Beispiel die Richtung für seine Nachkommen an: Gott hat Abrahams Weg in das verheißene Land bereits genau vor Augen, sein Plan steht fest. Er selbst wird vor Abraham hergehen und den Weg vorbereiten. Der Weg, den Abraham gehen soll, ist Gottes Weg: Gott hat bereits die Entstehung seines Volkes geplant. Der Auftrag ergeht also nicht zufällig an Abraham, vielleicht aus einer Laune Gottes heraus, sondern ist fester Bestandteil in Gottes Plan mit den Menschen.

Am Ende seines Weges steht für Abraham die Geburt des Sohnes und der Bund Gottes mit ihm und seiner Nachkommenschaft. So wie Abraham seine Heimat, seine Verwandten und Freunde verlassen mußte, um Gottes Weg zu gehen, so müssen alle Menschen, die Gott nachfolgen wollen, sich innerlich und eventuell auch äußerlich von vertrauten Personen und Orten lösen, sie »verlassen«, damit sie ungeteilt den Weg mit Gott (Jeremia 6,16; Matthäus 7,13-14) gehen können.

Aber auch in jeder menschlichen Entwicklung findet man die Notwendigkeit des Aufbruchs und der Loslösung von bisherigen gewohnten Denk- und Lebensweisen, um den Weg frei zu machen für neue und bessere Entfaltungen. So ist die gesamte Entwicklung des Menschen vom Kind zum Erwachsenen von dieser Notwendigkeit geprägt. Menschen, die sich nicht von ihren kindlichen Strukturen gelöst haben, werden im Erwachsenenalter immer wieder in sie zurückfallen und vielleicht – unter besonderen Umständen wie Überforderung in menschlichen Beziehungen – mit psychischen Störungen und Krankheiten reagieren. Nicht umsonst heißt es z.B. schon in 1. Mose 2,24: »Darum wird ein Mann seinen Vater und seine Mutter verlassen und seinem Weibe anhangen, und sie werden sein ein Fleisch.« Wie viele Beziehungen und Ehen scheitern, weil sich der einzelne nicht von seinen vertrauten Strukturen im Elternhaus gelöst hat und nicht genügend bereit ist, neue Wege zu wagen!

1.3 . . . in ein neues Land!

Die Verheißung des neuen Landes hat in Abraham vielleicht Neugier und Abenteuerlust, vielleicht aber auch Angst ausgelöst: Was werde ich dort antreffen? Wie wird es da aussehen? Welche Menschen leben dort? Kann ich meiner Familie diese neue Umgebung zumuten? Wie finde ich überhaupt heraus, wann ich dieses neue

Land erreicht habe? Abraham läßt sich auf diese Herausforderung ein. Das ist ungewöhnlich, denn Neues ruft Unsicherheit, vielleicht sogar Angst hervor. Lieber verläßt man sich auf das, was vertraut ist. Da weiß man, was man hat. Zu abhängig fühlt man sich von Personen und Orten, die zurückgelassen werden müßten. Zu sehr schreckt der Gedanke daran, was »die anderen« sagen werden, wenn man plötzlich dieses oder jenes tut. Dann ist es schon einfacher und bequemer, an der Stelle stehenzubleiben, wo man gerade ist! Sooo schlecht ist es hier ja schließlich auch nicht!

Kinder verfügen über eine gesunde, angeborene und unverfälschte Neugier. Für sie ist es noch leicht, sich ein »neues Land« vorzustellen, es zu erträumen und darauf hinzuarbeiten. Diese Möglichkeiten dürfen auf keinen Fall ungenutzt bleiben, denn schließlich gestalten die Kinder von heute die Welt von morgen. Sie sind noch »unverbraucht« und geben damit Hoffnung auf eine positive Gestaltung des »neuen Landes«.

Kinder sind gerade erst am Beginn ihres Weges, auf dem ihnen viel Schönes, aber sicherlich auch Gefahren begegnen werden. Daher ist es für sie wichtig, das Ziel vor Augen zu behalten und auf ihrem Weg zu bleiben. Abraham hat diesen langen und beschwerlichen Weg auch nur überwunden, weil er das Ziel nicht aus den Augen verlor, sondern immer wieder im Gespräch mit Gott seinen jeweiligen Standpunkt und seine Orientierung klärte.

Dieses Gespräch mit Gott kann man schon mit sehr kleinen Kindern trainieren, indem man es ihnen vormacht und sie in kleinen Schritten dazu anleitet, es selbst zu tun. Damit gibt man ihnen eine wesentliche Hilfe mit auf den Weg. Und durch ihr Vertrauen auf Gott, das sich im Gebet äußert, gewinnen sie auch Vertrauen zu sich selbst und in die Richtigkeit ihres Weges. (Siehe Matthäus 18,20; Lukas 18,1-8; 21,36; Epheser 6,18; Johannes 5,13.)

1.4 Stationen

Auf Abrahams Weg bis zum endgültigen Ziel kann man verschiedene Stationen verfolgen. Zunächst führt ihn der Weg ins verheißene Land Kanaan. Gott spricht zu ihm: »Dieses Land will ich dir und deinen Nachkommen geben.« Bei Sichem, an der Eiche More, errichtet Abraham vor den Augen der Kanaaniter, einem heidnischen Volk, das andere Götter verehrt, einen Altar, um damit zu dokumentieren: Hier ist mir mein Gott erschienen, und nur ihn möchte ich ehren, und alle, die hier vorbeikommen, sollen erkennen, wie groß mein Gott ist, und ihn anbeten. Es war üblich, unter freistehenden Bäumen Kult- und Opferstätten zu errichten, und obwohl in Israel das Opfern unter Bäumen später streng verboten wurde, »hielt die Volksfrömmigkeit daran fest« (1. Könige 14,23; 2. Könige 16,4; Jeremia 2,20; 3,6).[1]

Dem Baum kommt gerade in der Abrahamgeschichte eine außerordentliche symbolische Bedeutung zu. Er gilt »als Zeichen des Anfangs und zugleich als Dauer des Fruchtbaren bis zum Ende, ja, wie dies die Apokalypse berichtet (Offenbarung 22) über jegliches Ende hinaus . . . Unverwelklich ist seine Blätterpracht, Monat um Monat wechseln seine Früchte, . . . Er ist für den Menschen Vater und Mutter, zeugend und bergend. Sein Schatten birgt ihn vor der Sonnenglut, sein Blätterkleid vor Sturm und Regen, aus seinem Holz erbaut der Mensch sein Haus, die Wiege wie den Sarg . . . für den Menschen sind im Baum . . . Leben und Tod vereint. Noch tiefergreifend ist darum der Baum ein Versprechen . . ., daß Leben nie enden soll. Er ist darum schlechthin das Zeichen des Heils.«[2]

Mit Errichtung dieses Anbetungsortes in dem neuen, von Gott verheißenen Land nimmt die Heilsgeschichte Gottes mit seinem Volk sowie der Menschheit überhaupt ihren konkreten, sichtbaren Anfang. Man könnte sagen, daß Abraham sichtbare Zeichen für Gottes Wirken setzt. Hier ergibt sich die Frage, inwieweit wir sichtbare Zeichen hinterlassen, an denen andere Menschen Gottes Wirken erkennen können. Diese Frage kann man ganz konkret und praktisch auch schon mit Kindern bearbeiten.

Abraham ist noch nicht an dem für ihn bestimmten Ziel angekommen. Er könnte ja jetzt denken: Nun bin ich in dem neuen Land, wo Gott mich haben wollte! Hier lasse ich mich nieder und harre der Dinge, die da kommen. Nein, Abraham erkundet das neue Land, er gibt sich nicht mit dem ersten Eindruck zufrieden, sondern »erobert« es Schritt für Schritt.

Von Sichem aus zieht er weiter ins Gebirge östlich der Stadt Bethel. Auch hier errichtet er einen Altar. Auch dies kommt nicht von ungefähr, denn der »Glaube, daß man auf Bergen dem Himmel näher stände, machte sie schon früh bei vielen Völkern zum Gegenstande der Verehrung.« Aus diesem Grunde entstand »die Gewohnheit, Tempel und Kirchen auf erhöhten Plätzen anzulegen.«[3]

Berge stehen jedoch ebenso für scheinbar unüberwindliche Hindernisse. Auch Kinder kennen solche »Bergerfahrungen«. Gerade ältere Kinder haben es sicher schon erlebt, wie gut es tat, wenn man so einen »Problem-Berg« bestiegen und bewältigt hat. Einige haben schon einmal einen »richtigen« Berg bestiegen und wissen, wie toll man sich als Gipfelstürmer fühlt. Es ist wichtig, den Kindern zu vermitteln, daß es sich lohnt, mit Gottes Hilfe »Berge« in Angriff zu nehmen.

Abrahams Weg ist auch im Gebirge noch nicht zu Ende. Als eine Hungersnot kommt, zieht er weiter und kommt schließlich nach Ägypten, wo er aus Angst um sein Leben seine Existenz auf einer Lüge aufbaut. Als sein falsches Spiel auffliegt, schickt ihn der Pharao zurück, so daß Abraham schließlich wieder bei Bethel ankommt, wo sich Lot dann von ihm trennt. Hier erhält Abraham nochmals von Gott den Befehl, das Land in der Breite und in der Länge zu durchziehen. Schließlich bleibt er in der Nähe von Hebron wohnen und erbaut einen weiteren Altar im Hain Mamre.

Trotz aller Belastungen und Gefahren, die Abraham auf sich genommen hat, hat er nie seinen Glauben und sein Vertrauen an Gott verloren. Zum Schluß wird es belohnt. Nach langjähriger Wanderschaft und langem, geduldigem Warten bringt Sara ihren Sohn Isaak zur Welt – Abraham ist 100 und Sara 90 Jahre alt.

2. Ziele

Die Kinder sollen

- den Inhalt der Geschichte kennenlernen;
- sich in die verschiedenen Personen hineinversetzen und einfühlen;
- die einzelnen Handlungsschritte detailliert wahrnehmen und nachvollziehen und sprachlich/spielerisch wiedergeben und gestalten;

- am Beispiel Abrahams die Bedeutung von Gehorsam und Vertrauen auf Gott kennenlernen;
- erfahren, daß Gott Aufträge gibt, aber auch dabei hilft, sie auszuführen;
- erfahren, daß Gott seine Verheißungen wahrmacht;
- die Bedeutung von Gottes Auftrag an Abraham für die Geschichte Israels erkennen;
- für sich persönlich konkrete Schritte auf dem Weg mit Gott überlegen und eventuell schriftlich festhalten.

3. Einstimmung und Vorbereitung

Bevor die Kinder die biblische Geschichte kennenlernen, sollen sie sich mit der Bedeutung eines Zuhauses, einer Heimat auseinandersetzen und dabei ihre ganz persönliche Heimat wahrnehmen und beschreiben.

Darum fühle ich mich zu Hause wohl

Material: Papier, Buntstifte

Die Kinder malen auf ein Blatt alle Personen und Gegenstände, die bewirken, daß sie sich zu Hause wohlfühlen. Bevor die Bilder eingesammelt und beiseite gelegt werden, sollen die Kinder sich dazu äußern, warum ihnen bestimmte Personen und Dinge so wichtig sind.

Platzwechsel

Material: Leichte Musik zum Bewegen

Die Kinder sitzen an ihrem Platz. Ohne besondere Erklärung erhalten sie den Auftrag (eventuell zu leiser Musik) im Raum herumzugehen und sich beim Stopzeichen auf den ihnen jeweils nächstgelegenen Platz zu setzen. Dieser Vorgang kann mehrmals wiederholt werden.

Nun stellen sich die Kinder vor, daß dieser Platz jetzt ihr neuer Sitzplatz ist und bleibt. In einem Gespräch äußern sich die Kinder über ihre Gefühle angesichts dieses neuen Platzes innerhalb des Raumes, über die neuen Platznachbarn usw.

In einer Schulklasse wirkt diese Übung natürlich besonders eindrucksvoll, da jedes Kind einen festen Sitzplatz hat, meistens neben einer Freundin/einem Freund. Um in einer einzelnen Kinderstunde zunächst dieses Gefühl von »Das ist mein Platz« aufkommen zu lassen, sollten vielleicht ein oder zwei Bewegungsspiele wie z.B. Stühlerücken oder Zuzwinkern durchgeführt und die Kinder danach jeweils auf ihren ursprünglichen Sitzplatz gebeten werden. Zusätzlich sollte jeder Sitzplatz mit einem persönlichen Gegenstand oder dem Namen des jeweiligen Kindes versehen werden.

Wir machen eine Reise

Material: Verschiedene, im Raum vorhandene Gegenstände

Die Kinder sitzen im Kreis. Der Spielleiter und zwei Kinder wandern im Kreis und im Raum umher und sprechen dabei: »Wir machen eine Reise, und alles, was wir sehen, nehmen wir mit.« Dabei lädt der Spielleiter den beiden Kindern nach und nach alle möglichen Gegenstände auf (jedem Kind die gleichen), z.B. einen Stuhl, Bücher, Besteck, Kissen, Schuhe usw. Wer von den beiden zuerst ein Teil fallen läßt oder nicht mehr weiß, wie es alles halten soll, hat verloren. Oder beide Kinder helfen sich gegenseitig, und das Paar, das insgesamt die meisten Gegenstände tragen konnte, gewinnt.

Anschließend sprechen die Kinder über ihre »Reise«, daß z.B. eine Reise mit so viel Gepäck und ohne Fahrzeug außerordentlich beschwerlich ist, daß man alles möglichst praktisch und geschickt verstauen muß und daß es einfacher ist, wenn man sich gegenseitig hilft.

Warum ziehen Menschen um?

Material: Vergrößerte Kopie/Folie von der Abbildung, evtl. Tageslichtprojektor

In einem Gespräch tragen die Kinder ihre Kenntnisse und Erlebnisse zu diesem Thema zusammen. Die Abbildung kann dazu in vergrößerter Form als Impuls dienen. Kennen sich die Kinder untereinander mit Namen, können sie sich gegenseitig auf Handzeichen hin auffordern, so daß der Spiel-/Gesprächsleiter mehr im Hintergrund bleiben kann.

Je nach den Vorkenntnissen der Kinder kann das Gespräch auch aufs Auswandern von Menschen hingelenkt werden, z.B. auf Missionare, Entwicklungshelfer, Abenteurer oder auf Menschen, die einfach nur ein besseres Leben in einem anderen Land suchen.

Meine Wohlfühl-Hits!

Material: Bilder der ersten Aufgabe, Stifte

Auf dem Bild, das die Kinder zu Anfang gemalt haben, kreisen sie nun alle Personen und Gegenstände ein, auf die sie unter keinen Umständen verzichten möchten. In einem anschließenden Gespräch sollen sie dann versuchen, ihre Wahl möglichst genau zu begründen.

4. Präsentation des Textes

Zunächst wird noch nicht die ganze Geschichte erzählt, sondern nur von Gottes Auftrag an Abraham und Abrahams Bereitschaft zu gehen. Was genauer beschrieben werden sollte, ist die Umgebung und die Situation, in der Abraham und seine Familie leben:

- Abraham ist bereits mit seiner Familie von Ur, dieser riesigen, modernen Stadt, nach Haran gezogen.
- Es ist eine sehr reiche Familie; es geht ihr wirtschaftlich gesehen sehr gut.
- Abrahams Freunde und Verwandte beten andere Götter an und nicht Abrahams Gott.
- Abraham und Sara sind schon sehr alt und haben keine Kinder.

In Verbindung mit den noch folgenden Übungen und Spielen wird dann die Geschichte mit den Kindern gemeinsam erzählt und erarbeitet, und zwar in der hier genannten Reihenfolge.

Wie kannst du nur!

Gottes Auftrag und Verheißung treffen Abraham in dieser Situation. Die Kinder sollen sich nun vorstellen, wie die Freunde und Verwandten reagiert haben mögen. In kleinen Rollenspielen sollen sie diese Reaktionen zur Sprache bringen, wobei auch Gestik und Mimik zur Unterstützung eingesetzt werden sollten, z.B.:

- Wie bist du dumm, dir geht es hier doch so gut!
- Sind wir dir nicht mehr gut genug?
- Wo willst du denn da wohnen?
- Stell dir vor, welchen Gefahren du dich und deine Familie aussetzt!
- Als ob es woanders besser wäre!
- Wie kann dein Gott nur so etwas Unmögliches von dir verlangen?!
- Jetzt bist du schon so alt und willst noch einmal woanders neu anfangen?!
- Und du glaubst wirklich, daß ihr jetzt noch ein Kind bekommen könnt?!

Reisevorbereitungen

Abraham hat fest beschlossen, Gottes Auftrag zu erfüllen. Aus diesem Grund beginnt er nun mit seinen Reisevorbereitungen.

Für die Kinder ist es dabei wichtig zu bedenken, daß es zur damaligen Zeit noch keine Umzugswagen gab, sondern Lasttiere (Kamele, Esel). Des weiteren gilt es zu überlegen, was Abraham alles mitnehmen mußte für seine lange Reise (Zelte, warme Felle und Decken, Wasserbehälter usw.).

In Anlehnung an die anfangs zusammengetragenen Umzugserlebnisse versuchen die Kinder, einzelne Reisevorbereitungen zu nennen und pantomimisch darzustellen. Jeweils ein Kind macht seine Bewegungen vor, die anderen Kinder ahmen sie nach und verbessern sie eventuell noch.

Abschied

Nun ist es an der Zeit, Abschied zu nehmen. Noch immer können Abrahams Freunde und Verwandte nicht verstehen, daß Abraham geht. Abraham will sich verabschieden, aber die Freunde halten ihn fest. Sie wollen ihn nicht loslassen.

In einem Rollenspiel ahmen die Kinder diese Situation sehr plastisch nach. Abraham wird von drei bis vier Kindern, den »Freunden«, festgehalten. Er versucht, sich zu entwinden, sich loszureißen.

In einem anschließenden »Erfahrungsbericht« soll »Abraham« seine Erfahrungen in Worte fassen. Es geht darum, festzustellen, daß Sich-Lösen viel Kraft kostet, ja z.T. unmöglich ist, wenn man nicht stark genug ist und andere einen unbedingt festhalten wollen. Ist es dann doch geschafft, kann man entspannen. Man fühlt sich erleichtert.

Diese Übung kann danach noch erweitert werden, indem »Abraham« Hilfe durch »Sara, Lot und seine Knechte« erhält. Mit vereinten Kräften wird ihnen das Sich-Lösen leichter gelingen.

Um dieses »Gemeinsam sind wir stark!« noch zu vertiefen, können die Kinder Beispiele aus ihrem praktischen Erleben suchen und berichten, wobei Positiv- und Negativbeispiele erlaubt sind.

Natürlich wird der Abschied auch auf die den Kindern bekanntere Weise nachvollzogen, indem sie sich umarmen, gute Wünsche mit auf den Weg geben und vor Traurigkeit »weinen«.

Ein Tag mit Abraham unterwegs

Material: Evtl. Bilder

Jetzt geht es darum, daß sich die Kinder vorstellen, sie seien mit Abraham unterwegs. Als Einstieg und zur besseren Vorstellung kann man den Kindern Bilder vom Nomadenleben zeigen (z.B. in: »Die Welt der Bibel«, R. Brockhaus Verlag; oder Folien zu: »Religionsunterricht praktisch 1–2«, Verlag Vandenhoeck & Ruprecht). Ältere Kinder können diesen Teil in kleinen Gruppen selbständig erarbeiten und dann als »Referat« oder in Rollenspielen vortragen.

Mit jüngeren Kindern empfiehlt es sich, einen Tagesablauf von morgens bis abends gemeinsam zu erzählen und zu spielen. Dazu machen die Kinder – nachdem sie sich mit einem vorher vereinbarten Handzeichen bemerkbar gemacht haben – nacheinander Vorschläge, die dann pantomimisch und eventuell auch sprachlich von allen ausgeführt werden. Da die Kinder sich schnell begeistert in solche Spiele hineingeben und dann so gut bei der Sache sind, daß sie nicht mitbekommen, wann das Spiel weitergehen soll, ist es notwendig, vorher ein Zeichen zu vereinbaren, das den Kindern anzeigt, wenn es weitergeht. Mit dem Hinweis darauf, daß ja möglichst viele Kinder viele Ideen einbringen wollen, sind die Kinder dazu gerne bereit.

Hier ein paar Stichpunkte für einen solchen Tagesablauf:
- Sind alle Personen, alle Tiere, alles Gepäck da?
- Ist alles gut verpackt und verzurrt?
- Aufsitzen auf die Kamele.
- Reiten auf den Kamelen (langsam, gemächlich).
- Absitzen, an einer Oase rasten, Tiere am Fluß tränken, selber essen (Brot, Oliven usw. – die Kinder sammeln Möglichkeiten), Wasser aus einem Fluß oder Brunnen schöpfen.
- Hitze, Schatten suchen, Pause, ausruhen.
- Weiterziehen; eine Karawane kommt entgegen.
- Abends Holz sammeln, Lagerfeuer, Zelte aufbauen, Lamm braten, essen.
- Gefahren durch Wölfe und Schlangen; Wache halten, auf die mitgeführten Herden aufpassen.
- Schlafen.

- Sonnenaufgang, aufwachen; alle recken sich, einpacken, Feuer austreten/-gießen.
- Reise über Berge und durch Täler.
- Sturm/Unwetter.

Je nach dem vorhandenen Zeitumfang und der Ausdauer der Kinder können anschließend die Kinder mit der ganzen Gruppe einen solchen Tag durchspielen.

Wirklich beeindruckend!

Material: Papier, Buntstifte

Die Kinder malen nun ein Bild: Eine Situation auf der Reise, die sie besonders beeindruckt hat, die sie besonders schön fanden, besonders spannend oder gefährlich, eine Situation, bei der sie gerne dabei gewesen wären oder die sie nie erleben möchten. Die Bilder werden dann der ganzen Gruppe kurz vorgestellt. Ohne die Ergebnisse überbewerten zu wollen, können sie doch beim einen oder anderen Kind zu einem besseren Verständnis seiner Person/Persönlichkeit herangezogen werden: Wie sich ein Kind auf seinem Weg durch die Welt sieht und erlebt, wonach es sich sehnt oder was ihm angst macht.

Blindes Vertrauen

Material: Augenbinde

Abraham hat Gott sozusagen blind vertraut; er wußte nicht genau, worauf er sich da einließ, als er beschloß, Gottes Aufruf zu folgen. Aber dieses Vertrauen in Gott hat ihn schließlich ans Ziel gebracht.

Jemandem blind zu vertrauen, ist nicht so ganz einfach. Es kann sogar gefährlich werden, wenn man sich auf falsche Personen und Kräfte verläßt. In dieser Geschichte geht es aber darum, daß die Kinder am Beispiel Abrahams Vertrauen (kennen-)lernen.

Bei diesem Spiel muß sich ein Kind im wahrsten Sinne des Wortes vollkommen in die Hände eines anderen Kindes geben und ihm vertrauen. Mit verbundenen Augen und barfuß (so werden die

Schritte vorsichtig und mit intensivem Empfinden gemacht) wird das Kind über einen ihm unbekannten Parcours geführt. Zum Zeichen der Solidarität und um das andere Kind nicht unbedacht über ungeeignete Wege zu führen, geht das führende Kind ebenfalls barfuß. Der Parcours sollte möglichst viele verschiedene Eindrücke vermitteln: Berg und Tal, Hindernisse, Verstecke, Wasser, Schlamm, Steine.

Kann das Spiel nur im Haus durchgeführt werden, sitzen die Kinder im Stuhlkreis, der damit als Hindernis schon durchbrochen werden muß, um dann einen Parcours durch den Raum, über und unter Stühlen hindurch usw. gehen zu können. Hierbei kommt es darauf an, daß das führende Kind vorgeht und die Hindernisse entweder aus dem Weg räumt oder das andere Kind behutsam geleitet. Geht es hinter dem nicht-sehenden Kind, so ist dies den Hindernissen und »Gefahren« schutzlos ausgeliefert. Dieses Spiel spiegelt wider, wie Gott uns »an die Hand nehmen« und führen will, indem er vorgeht und den Weg vorbereitet.

Ernährung gesichert!

Material: Verschiedene Lebensmittel

Abraham mußte auf seiner langen Reise sehen, daß er sich und seine Familie ernährte. Aber auch dafür hatte Gott vorgesorgt. Unterwegs gab es Früchte, Brunnen oder Flüsse, aus denen sie Wasser schöpfen konnten; Schafe und Ziegen führten sie selbst genügend mit; hier und da wurden auf den Märkten Wolle, Felle und Käse gegen Getreide und frisches Gemüse eingetauscht. Für Abraham war es sicherlich nicht ganz leicht, feste geregelte Lebensgewohnheiten und gesicherte Lebensumstände gegen ein solches Nomadenleben einzutauschen, bei dem man sozusagen von der Hand in den Mund lebte.

Um ein wenig Einblick in die Ernährung während dieser Reise zu bekommen, sollen die Kinder die folgenden Speisen probieren. Dazu füllt man die einzelnen Sorten jeweils in Schalen und stellt sie auf einen Tisch mitten im Stuhlkreis oder, was der echten Situation näher käme, auf eine Decke draußen auf einer Wiese unter Bäumen. Vor dem Essen sollte ein Dankgebet oder -lied nicht fehlen!

Geeignet sind folgende Speisen:

Oliven, Feigen, Datteln, Weintrauben, Rosinen, Granatäpfel, Pistazien, Mandeln, Erbsen, Linsen, Lauch, Zwiebeln, Gurken, Melonen, Milch, Schafskäse/Ziegenkäse, Joghurt.

Fladenbrot

Zutaten: 375 g Weizenmehl, 375 g Roggenmehl, 50 g Hefe, 1 TL Salz, gemahlener Kümmel, 1 EL Koriander, 1/4 l warmes Wasser, 1/8 l warme Milch.

Aus den Zutaten stellt man einen Hefeteig her, läßt ihn 1/2 Std. gehen, formt flache Scheiben daraus und backt diese hellbraun.

In der Fremde

Für Abraham war es sicher nicht immer leicht, geeignete Rast- und Ruheplätze zu finden, die ungefährlich und an denen alle gut versorgt waren. Wenn sie als Fremde in eine Stadt kamen, wurden sie sicher argwöhnisch beäugt und nicht überall mit Freuden empfangen. Die Kinder stellen sich vor, daß Abraham sich an einem Ort niedergelassen hat, um dort zu lagern, seine Tiere zu tränken usw. Plötzlich kommen Einheimische. Wie reagieren sie? In kleinen Rollenspielen sollen die Kinder diese Situation spielen. Folgende Reaktionsweisen sind denkbar:

Die Einheimischen gehen skeptisch um Abraham und seine Leute herum. Sie zeigen mit den Fingern auf sie, schütteln den Kopf, unterhalten sich über die ungewöhnliche Lebensweise der Fremden, sie schauen sehr kritisch, finster, bedrohlich.

Vielleicht reagieren sie auch freundlich, neugierig, interessieren sich für Abrahams mitgeführte Waren, bieten ihre eigenen zum Kauf an.

Abraham und seine Familie reagieren je nachdem ängstlich, sorgenvoll, unsicher oder freundlich und offen.

Danach vertauschen beide Seiten – »Abrahams Familie« und die »Einheimischen« – die Rollen und führen das gleiche Spiel noch einmal durch. Anschließend äußern sich die Kinder darüber, welche Rolle ihnen besser gefallen hat und warum.

Das Gespräch sollte schließlich zu diesem Ergebnis führen: Erst wenn man aufeinander zugeht, erfährt man, wer der andere ist und welche Absichten er hat. Nur so werden Vorurteile und Ängste abgebaut.

Dank und Anbetung

Abraham errichtete an drei wesentlichen Stationen seiner Reise einen Altar zum Zeichen seiner Dankbarkeit und Ehrfurcht vor Gottes Größe und Macht. Dies kann zum Anlaß genommen werden, um sich mit den Kindern – so wie Abraham es auch tat – unter einem besonders schönen, großen Baum (vielleicht sogar einer Eiche) zu versammeln und Lob- und Danklieder zu singen. Ein besonders schöner Abschluß wäre eine kleine Gebetskette, in der jedes Kind, das den Wunsch dazu hat, entweder für eine Begebenheit aus der Abraham-Geschichte oder für etwas Persönliches dankt.

5. Spielen der Geschichte

Je nach vorhandener Zeit und dem Alter der Kinder kann nach Abschluß aller Gespräche, Übungen und Spiele die Geschichte noch einmal insgesamt gespielt werden. Insbesondere jüngeren Kindern wird hierzu eventuell die Ausdauer fehlen, es sei denn, sie haben eine Gelegenheit, die Geschichte vor Publikum vorzutragen.

In einer Gesamtinszenierung sollten möglichst alle behandelten Aspekte der Geschichte einbezogen sein, damit die Handlung und die Dialoge entsprechend ihrem tieferen Sinn und ihrer vielfältigen Gehalte ausgestaltet werden.

6. Aktueller Bezug

Die Abraham-Geschichte ist in ihrer Bedeutung sicherlich einmalig. Für die Kinder ist es wichtig, den beispielhaften Charakter der Geschichte zu erkennen und von Abrahams Vertrauen, Gehorsam und Gesegnetwerden zu lernen.

Die gleichen Grundgedanken können sie z.B. in Missionserzählungen wiedererkennen, aber auch, indem sie Möglichkeiten in ihrem eigenen Alltag aufspüren und umsetzen.

6.1 Geht hin in alle Welt!

Material: Berichte, Bücher über Missionare

Der Missionsbefehl (Matthäus 28,19-20) ist schon fast 2000 Jahre alt, aber immer noch aktuell, denn noch heute lassen sich Menschen von Gott rufen, in andere, ihnen völlig fremde Länder zu gehen und dort den Menschen von Jesus zu erzählen. Dieser Ruf ist ebenfalls an eine Verheißung, ein Versprechen gebunden: »Siehe, ich bin bei euch alle Tage bis an der Welt Ende.« Die Menschen, die sich wirklich darauf eingelassen haben und losgezogen sind, haben ähnliche Erfahrungen gemacht wie Abraham.

Ein sehr beeindruckendes Beispiel ist die Geschichte der Gladys Aylward, die auf abenteuerliche Weise nach China reiste, um dort die frohe Botschaft weiterzugeben. (Tonkassette »Stärker als tausend Wasserbüffel« von Hildegard Horie, Oncken Verlag Wuppertal.)

6.2 Schritte

Material: Papier, Buntstifte, Scheren

Schon kleinere Kinder können anhand der biblischen Botschaft konkrete Schritte des Gehorsams in ihrem eigenen Alltag aufspüren, z.B.: Ich möchte regelmäßig in der Bibel lesen. Ich möchte anderen eine Freude machen. Ich möchte meiner Mama helfen. Ich will nicht mehr lügen. Ich will in der Schule besser aufpassen. Und so weiter.

Die Kinder zeichnen dazu den Umriß ihres Fußes auf einem Blatt Papier nach, schneiden ihn aus und schreiben die konkreten, persönlichen »Schritte« auf, die ihnen einfallen und die sie sich vornehmen möchten. Den Fuß können sie als Lesezeichen in der Bibel verwenden oder sich zur stetigen Erinnerung an die Wand hängen.

7. Schluß: Siehst du die Sterne am Himmel?

Material: Dunkelblauer Stoff (ein altes, eingefärbtes Bettuch), gelber Filz, Stern-Schablone, Stift, Scheren, Klebstoff

Um Abraham anschaulich zu zeigen, wie unermeßlich groß seine Nachkommenschaft sein wird, führt Gott ihn unter den Himmel und fordert ihn auf, die Sterne zu zählen (1. Mose 15,5). Gott erneuert die unglaubliche Verheißung des Sohnes, und Abraham glaubt ihm.

Mit dem Hinweis auf Isaaks Geburt, der Voraussetzung für die Entstehung des Volkes Israel, sollte man hier die Abraham-Geschichte beenden. Mit der folgenden, praktischen Abschlußarbeit kann man bei den Kindern den Eindruck festigen, daß Gott seine Verheißungen wahrmacht. Eine Betrachtung des nächtlichen Sternenhimmels würde diesen Eindruck schließlich abrunden.

Auf gelbem Filz zeichnet man viele Sterne vor. Jedes Kind schneidet für sich und für alle Personen aus seiner näheren Umgebung, die es gerne mag, je einen Stern aus. Alle Sterne werden auf den dunkelblauen Stoff geklebt, den man wie einen Himmel unter der Zimmerdecke befestigt.

Handelt es sich für die Kinder um eine einmalige Zusammenkunft (z.B. Kinderwoche oder Kinderfreizeit), teilt man an jedes Kind ein kleineres Stück Stoff aus (z.B. alte eingefärbte Windeln), das es dann – mit seinen persönlichen Sternen versehen – mit nach Hause nehmen darf.

8. Lieder

Weißt du, wieviel Sternlein stehen

Geh, Abraham, geh

David und Goliat

(1. Samuel 17,1–58)

1. Zum Text

Der Bericht von David und Goliat ist eingebunden in eine längere Geschichte kriegerischer Auseinandersetzungen zwischen den Philistern und Israel. Lange bevor die Israeliten sich im Verheißenen Land niederließen, begegneten ihre Vorfahren den Philistern in Südkanaan. Diese kamen ursprünglich aus dem ägäischen Raum (über Kreta, Zypern), drangen vom Meer aus in Ägypten ein, zogen an der Küste Syriens und Kanaans entlang, das zu der Zeit ägyptische Provinz war, und siedelten sich dort an. Beide Völker – Israel und die Philister – erhoben nun Anspruch auf dasselbe Land. David beendete schließlich siegreich die Angriffe der Philister. Gesalbt durch den Propheten Samuel wurde er ein mächtiger König. In »einer langen und tatkräftigen Herrschaft voll großer außen- und innenpolitischer, militärischer und organisatorischer Erfolge«[1] richtete er ein ausgedehntes Reich auf, das er auch – unter Überwindung vieler Schwierigkeiten – bewahren konnte.

Über die historische Bedeutung hinaus enthält die Geschichte von David und Goliat grundlegende und immer wieder gültige Glaubensaussagen und -erfahrungen, in denen sich gerade auch Kinder schnell wiederfinden und die ihnen ein gesundes Selbstbewußtsein vermitteln können.

1.1 Gegensätze

Die Geschichte spielt sich in einem Spannungsfeld unterschiedlicher Polaritäten ab:

Da sind zunächst die kriegerisch bestens ausgerüsteten *Philister,* die den *Israeliten* militärisch weit überlegen sind. Dank fortschrittlicher Entwicklung bestehen ihre Waffen und Rüstungen bereits aus Eisen und sind dadurch besonders gefährlich und widerstandsfähig. Demgegenüber sind die Israeliten rückständig und spärlich ausgerüstet. Davids Steinschleuder erscheint geradezu lächerlich angesichts Goliats Erscheinung. Aus menschlicher Sicht ist der Ausgang dieses Zweikampfes programmiert. Daher ist sich Goliat seines Sieges sehr sicher. Er tritt großspurig, verhöhnend und verachtungsvoll auf.

Eine weitere Polarität ergibt sich durch *König Saul* und den *Hirtenjungen David*. Saul, der bereits von Gott verworfen ist und dessen Regierungszeit zu Ende geht, wirkt in dieser Geschichte recht hilflos. Er versucht, allein mit seinen menschlichen Mitteln der Situation Herr zu werden: Mit großen Versprechungen glaubt er, jemanden finden zu können, der »die Kohlen aus dem Feuer holt«. David bietet er seine königliche Rüstung an – das einzige »Rüstzeug«, das er bieten kann. Ganz anders dagegen David, der bereits von Gott zum nächsten König erwählt worden ist; »seine Zeit« beginnt erst. Aber im Gegensatz zu Saul verläßt er sich völlig auf Gottes Möglichkeiten; Sauls Rüstung lehnt er sogar ab, sie behindert ihn in seiner äußerlichen und wahrscheinlich auch innerlichen Beweglichkeit. Er weiß, daß ihm dieser äußerliche, vermeintliche Schutz nichts nützt, wenn Gott ihn nicht schützt. Dieses Vertrauen macht ihn selbstbewußt, während Saul und mit ihm das ganze Heer ängstlich und verschreckt sind.

Eine weitere Polarität könnte man »*Alter kontra Jugend*« formulieren. Weder König Sauls Weisheit und Erfahrung noch Goliats kriegerisches Können führen zum Sieg. Erst der »kleine« Hirtenjunge David, jung, unerfahren, unverbraucht und sicherlich auch etwas draufgängerisch, führt eine Lösung herbei.

Gerade auch unter Christen ist es so, daß dem Älteren, Erfahreneren, dem, der etwas vorzuweisen hat, ein größerer Vertrauensvorschuß entgegengebracht wird als dem, der vielleicht gerade erst angefangen hat zu glauben, der noch nichts auf die Beine gestellt hat. Wie wenig wird erst Kindern zugetraut – eine Erfahrung, die Kinder ständig machen (siehe auch das Kapitel »Jesus und die Kinder«).

Was die Gegensätze insgesamt betrifft, so ist es für Kinder unerläßlich, zu erfahren und zu lernen, daß und wie man mit diesen zwangsläufigen Gegebenheiten des Lebens umgehen kann. Solche Polaritäten bewirken Dynamik und Weiterentwicklung, sofern sie ausgehalten und bewältigt werden. Darauf können die Kinder z.B. mit einer solchen biblischen Geschichte hingeführt werden.

1.2 Der Riese

Die »Riesenhaftigkeit« bezieht sich mit Sicherheit nicht nur auf Goliat, sondern auf die Philister insgesamt, die sehr groß waren. Darüber hinaus tritt der Vorkämpfer Goliat natürlich auch riesenhaft und einschüchternd auf: Da sind zunächst seine Statur und Rüstung, die für die Israeliten schon sehr beeindruckend gewesen sein müssen (vgl. V. 4-7). Zusätzlich geht ein Schildträger vor ihm her – wahrscheinlich war Goliats Rüstung so schwer und unbeweglich, daß er den Schild nicht lange alleine tragen konnte.

Seine Taktik ist leicht zu durchschauen: Er will seinen Gegner so in Angst und Schrecken versetzen, daß dieser handlungsunfähig und wehrlos wird. Bei Sauls Heer ist ihm dies bereits gelungen. Die Männer sind starr vor Entsetzen. Doch Goliat provoziert durch sein Reden. Er möchte mit aller Gewalt die Israeliten herausfordern und schlägt einen durchsichtigen »Handel« vor (V. 9); und indem er das Heer in seiner Wehrlosigkeit verhöhnt und sich daran weidet, stellt er auch indirekt die Frage nach ihrem Gott: Wo ist denn euer Gott? Kann er euch helfen? Habt ihr kein Vertrauen? Goliat führt damit den Israeliten ihren geistlichen Zustand niederschmetternd vor Augen: Es ist niemand unter ihnen, der das nötige Vertrauen in Gott setzt.

Solche »Riesen« kennen die Kinder sicherlich auch. Sie jagen sowohl Erwachsenen als auch Kindern durch ihre Stärke und (vermeintliche) Überlegenheit Angst ein und bewirken Handlungsunfähigkeit oder unangemessenes Handeln. An Davids Beispiel können die Kinder lernen, wie sie solchen »Riesen« begegnen und entgegentreten können. Hätte weder David noch ein anderer Israelit gegen Goliat gekämpft oder wären sie gar davongelaufen, wären sie auf jeden Fall von den Philistern besiegt worden und hätten ihr Land verloren. Nur weil David sich der Herausforderung stellte und bereit war zu kämpfen, konnte das dauernde Machtgerangel beendet werden. Menschen werden häufig durch die unterschiedlichsten Probleme »lahmgelegt«, weil sie keinen Ausweg mehr wissen, weil sie zu wenig Selbstbewußtsein haben oder nicht die nötige Unterstützung durch andere erfahren. Ist keinerlei Lösung in Sicht, reagieren sie mit Depressionen, Aggressionen, Krankheiten oder der Flucht in eine Sucht. Doch auch hier gilt: Nur wer sich dem Problem stellt und die Herausforderung annimmt, kann die Schwierigkeiten bewältigen. Die Geschichte von David macht gerade den »kleinen«, den unerfahrenen und aus menschlicher Sicht ohnmächtigen Menschen Mut dazu.

1.3 Im Namen des Herrn (V. 45)

David ist der jüngste Sohn des Isai in Bethlehem. Während seine drei ältesten Brüder bereits König Saul im Krieg dienen, hütet er beim Vater zu Hause die Schafe. Er ist ein zuverlässiger und mutiger Hirte, schön, kraftvoll und ein guter Harfenspieler. Nach Sauls Verwerfung durch Gott kommt David bereits zeitweise an den Hof des Königs, um den bösen Geist, der Saul quält, durch sein Saitenspiel zu vertreiben.

Die Begegnung mit Goliat kommt zustande, weil David seinen Brüdern vom Vater Essen ins Heerlager bringen und im Gegenzug ein Lebenszeichen von ihnen mitnehmen soll. Doch das Lager ist leer, weil das Heer zum Kampf ausgezogen ist. David folgt ihm, und während er mit seinen Brüdern redet, tritt Goliat, wie in den vergangenen 40 Tagen, wieder auf. David wird neugierig bei den Versprechungen, die Saul einem freiwilligen Kämpfer macht. Sein ältester Bruder Eliab ist sauer, weil David die Schafe alleingelassen hat. Er befürchtet, daß David nur aus Schaulust gekommen ist, sich leichtsinnig in diese gefährliche Situation begeben hat und darüber seine eigentlichen Pflichten vernachlässigt. Eliab hält David für größenwahnsinnig.

Doch David ist bereit, gegen Goliat zu kämpfen. Auch Saul hat große Bedenken; er hält David für viel zu jung und unerfahren. Doch als Goliat »das Heer des lebendigen Gottes« verhöhnt, ist David nicht mehr zu halten.

Er kämpft mit seinen bescheidenen Mitteln, unbeeindruckt von

Goliats Größe, Stärke und scheinbaren Unverletzlichkeit. »Ich komme im Namen des Herrn!« ist seine Devise, und er vertraut fest darauf, daß sich diesem Namen selbst die ärgsten Feinde beugen müssen. Im Vertrauen auf Gott will er gegen Goliat kämpfen wie gegen die Löwen und Bären, die seine Schafe oder ihn selbst angegriffen haben und die er erfolgreich überwältigt hat. David beruft sich auf Gottes Hilfe, die ihn auch schon vor den wilden Tieren bewahrt und gerettet hat.

David sagt deutlich, daß es hier letztlich nicht um einen Kampf mit Muskelkraft und Waffengewalt geht, sondern um einen geistlichen Kampf: »Heute wird dich der Herr in meine Hand geben . . ., damit alle Welt innewerde, daß Israel einen Gott hat, und damit diese ganze Gemeinde innewerde, daß der Herr nicht durch Schwert oder Spieß hilft« (V. 46-47). David setzt im Kampf neben seinem Vertrauen auf Gott nur die gewohnten Kampfwerkzeuge des Hirten ein. Im Umgang mit ihnen ist er geschickt und sicher, ihre Wirkung hat er schon viele Male erfolgreich erprobt. Goliat verachtet David, weil er jung ist und gut aussieht; wahrscheinlich hält er ihn für dumm und verweichlicht. Vielleicht spürt er aber auch Davids geistliche Ausstrahlungskraft, denn Goliat »fluchte dem David bei seinem Gott« (V. 43). Auf jeden Fall überrumpelt David ihn mit seiner einfachen, aber zielsicheren und äußerst wirksamen Methode. Er besiegt Goliat gleich beim ersten Versuch, woraufhin das Heer der Philister flieht. Davids mutiger Einsatz veranlaßt Saul, ihn von diesem Tage an ganz an seinen Königshof zu holen. Damit beginnt Davids »Karriere«.

Die Geschichte zeigt, daß es nicht darauf ankommt, alles zu können und zu wissen, um im Lebenskampf zu bestehen, sondern das, was man gelernt hat, gewissenhaft und im Vertrauen auf Gott einzusetzen. Viele Menschen, insbesondere auch Kinder und Jugendliche, versuchen, irgendwelchen Vorbildern und Idolen nachzueifern, in der Hoffnung, daß sie dann auch »gut dastehen«. Anstatt irgendwelchen Eigenschaften und Fähigkeiten blindlings nachzueifern, wäre es angebracht, die eigenen angeborenen und erlernten Fähigkeiten zu entdecken, sie zu entfalten und einzusetzen. Nur so gewinnt man »wahre Identität«, eine Voraussetzung, um nicht bei jeder Veränderung, jeder potentiellen Gefahr ins Schwanken zu geraten. David hat seine wahre, echte Identität als Hirte und als gläubiger Mensch gewahrt und gesiegt.

2. Ziele

Die Kinder sollen

- den Inhalt der Geschichte in seinem historischen Zusammenhang kennenlernen;
- erfahren, daß Menschen immer im Spannungsfeld unterschiedlicher Polaritäten leben und damit umgehen lernen müssen;
- erfahren, daß Gott auch aus scheinbar ausweglosen Situationen herausführen kann;
- an Davids Beispiel erfahren, daß es hilft und sich lohnt, im Vertrauen auf Gott seine eigenen bescheidenen Möglichkeiten einzusetzen;
- entsprechende persönliche Erfahrungen und Erlebnisse mit »Riesen« aufsuchen und geeignete Lösungsmöglichkeiten erarbeiten;
- erfahren, daß Vertrauen auf Gott mutig macht und Kraft, innere Gelassenheit und Überlegenheit schenken kann.

3. Einstimmung und Vorbereitung

Talente-dalli-dalli

Material: Papier, Stifte

Die Kinder stellen sich vor, daß sie einem Erwachsenen bei einer schwierigen Arbeit helfen wollen (z.B. die Küche tapezieren, ein Gartenhaus bauen usw., je nach den Erfahrungen der Kinder wird eine Arbeit festgelegt). Der Erwachsene hält sie dafür noch für zu klein, aber da sie unbedingt helfen und »groß sein« wollen, zählen sie schnell auf, was sie alles bei dieser schwierigen Arbeit selbst tun könnten, um so den Erwachsenen zu überzeugen.

Innerhalb einer vorher festgelegten Zeit schreibt jedes Kind möglichst viele Dinge auf. Wem fallen die meisten ein? Kinder, die noch nicht oder zu unsicher schreiben können, »diktieren« einem

Erwachsenen oder – wenn in kleinen Gruppen gearbeitet wird – den anderen Kindern, was ihnen dazu einfällt. Doppelnennungen zählen nur einmal.

Gegensätze

Immer zwei Kinder stellen ein Gegensatzpaar pantomimisch dar, die übrigen Kinder erraten die Begriffe. Jüngeren Kindern gibt man die Begriffe vor, ältere Kinder können selber welche finden.

Beispiele: kalt – warm, hell – dunkel, schnell – langsam, traurig – fröhlich, hübsch – häßlich, fleißig – faul, groß – klein, leise – laut, krank – gesund, alt – jung, schlau – dumm, dick – dünn, stark – schwach, hart – weich, lang – kurz, fest – flüssig, freundlich – unfreundlich, durchsichtig – undurchsichtig, rund – eckig.

Machtkampf

Material: Seil oder Kreide

Auf den Boden legt oder zeichnet man einen Kreis von ca. einenhalb bis zwei Metern Durchmesser. Zwei Kinder stellen sich in der Mitte einander gegenüber und versuchen sich auf Kommando gegenseitig aus dem Ring herauszudrängen. Nach dem K.o.-System kann herausgefunden werden, wer der Stärkste aus der Gruppe ist. Während des Spieles sollte bereits thematisiert werden, welche Rolle z.B. das Alter, die Körpergröße, das Geschlecht und die Geschicklichkeit des einzelnen spielen.

Bin ich groß, oder bin ich klein?

»Größe« drückt sich nicht nur in der äußerlichen Körpergröße aus, sondern in der ganzen Körpergestalt, im Auftreten einer Person, ihren Eigenschaften, der Körperkraft, bestimmten Fähigkeiten usw. Die Kinder können selber versuchen, Merkmale für »Größe« und entsprechende Beispiele zu finden.

Nun versuchen sie, mit ihrem Körper »Größe« auszudrücken, indem sie sich einmal ganz klein machen, dann ganz hochrecken, ihre Ellbogen nach außen stützen, die Brust aufblähen usw. Nach einer kleinen Experimentierphase, in der die Kinder solche Möglichkeiten selbst ausprobieren und vielleicht mit einem Partner zusammen beobachten und korrigieren können, werden die verschiedenen Möglichkeiten vorgestellt und von allen gemeinsam ausprobiert. Dabei sollen die Kinder überlegen, wie sie sich in den einzelnen Posen gefühlt haben, wann sie sich wohl, wann unwohl gefühlt haben. In einem nächsten Schritt stellen sich immer zwei Kinder einander gegenüber, wenn möglich immer ein kleineres und ein größeres Kind: Das kleine Kind macht sich immer noch kleiner, das große immer größer. Jedes Kind versucht typische Körperhaltungen zu finden. Anschließend wechseln beide Kinder die Rollen.

In einem abschließenden Gespräch sprechen die Kinder über ihre Erfahrungen in dieser Übung. Vor allem sollen sie sich entscheiden, wer sie lieber sein wollen, aber auch begründen, warum.

4. Präsentation des Textes

Die Geschichte von David und Goliat wird den Kindern in ihrem historischen Zusammenhang möglichst anschaulich erzählt.

5. Spielen der Geschichte

Material: Papier und Stifte

Nach dem Erzählen der Geschichte sollen sich die Kinder spontan für eine »Rolle«, die sie gerne in dieser Geschichte spielen wollen, entscheiden. Dabei sollten sie darauf hingewiesen werden, daß nicht nur Personen, sondern auch Tiere (z.B. die Schafe) und Gegenstände (z.B. das mitgebrachte Essen, die Steinschleuder, Goliats Schild oder Rüstung) dargestellt werden können.

Nachdem alle eine Rolle ausgewählt haben, werden die einzelnen Kinder entsprechend ihrer Rollen und Funktionen im Raum angeordnet. Jedes Kind überlegt sich einen Satz (oder auch zwei oder drei), den es, sobald es an der Reihe ist, sagen kann, und schreibt diese(n) auf, z.B.:

Isai (Davids Vater):	– Sind meine Söhne noch am Leben?
	– Versorg sie gut mit Essen!
	– Hoffentlich geht es meinen Söhnen gut!
Die Philister:	– Wir besiegen euch sowieso!
	– Hoffentlich findet sich kein Gegner, der Goliat ebenbürtig oder überlegen ist!
	– Auf Goliat kann man sich verlassen!
	– Goliat wird bestimmt gewinnen!
Die Brüder Davids:	– Der will doch nur seine Abenteuerlust befriedigen und ahnt nicht, wie gefährlich Goliat ist!
	– Hoffentlich geht das gut!
Soldaten aus dem israelitischen Heer:	– Ich bin nicht bereit zu kämpfen
	– Ich kann nicht gut genug kämpfen!
	– Ich bin zu schwach, um gegen Goliat zu kämpfen!
Saul:	– David, du bist viel zu jung und unerfahren!
	– Ohne Rüstung und Schwert – wie will er das schaffen!?
	– Mein Glaube reicht nicht zu soviel Mut!
Goliat:	– Dich kriege ich schon kaputt!
	– Was willst du kleiner Wurm?!
David:	– Das dürfen wir uns nicht gefallen lassen!
	– Mit Harfenspiel komme ich hier wohl nicht weiter!
	– Gegen Löwen und Bären habe ich gekämpft und gesiegt, warum soll ich das nicht auch bei diesem Größenwahnsinnigen schaffen!
	– Ich komme im Namen des Herrn!
Schaf:	– Wie gut, daß ich zu Hause bleiben darf und nicht den weiten Weg gehen muß!
	– Jetzt geht er schon wieder fort und läßt uns im Stich!

Schwert:	– Wenn du mir zu nahe kommst, werde ich zuschlagen!
	– Ich mache alles kurz und klein!
Die Rüstung Goliats:	– Ich gehe mit dir durch dick und dünn!
	– Ich lasse nichts an dich herankommen!
Die Rüstung Sauls	– Nimm mich lieber mit, ich beschütze dich!
	– Ohne mich bist du verloren!

Für jüngere Kinder kann man auch diese Beispielsätze jeweils auf kleine Zettel schreiben, von denen sich dann jedes Kind seinen Satz aussuchen darf. Die Geschichte wird nun noch einmal ausführlich erzählt, und jedesmal, sobald der Name einer Rolle fällt, muß das jeweilige Kind seinen Satz vorlesen. Die Kinder sollen dabei die Freiheit haben, alles sagen zu dürfen, was ihnen zu ihrer Rolle einfällt; niemand darf eine Äußerung bewerten oder gar abwerten. Jedes Kind soll so die Chance haben, seine eigenen Empfindungen bei dieser Geschichte auszudrücken, um so seinen ganz persönlichen Zugang, seinen persönlichen Platz innerhalb der Geschichte zu finden. Nur so kann es sich z.B. als groß oder klein, mutig oder feige, als vertrauensvoll oder ungläubig erleben und sich dadurch ein bißchen mehr kennen- und annehmenlernen und vielleicht Wünsche, Bedürfnisse oder sogar Konsequenzen für die Zukunft entdecken.

Zum Schluß sprechen die Kinder darüber, wie sie sich in ihrer Rolle gefühlt haben und ob sie sie noch einmal nehmen würden oder lieber eine andere, und wenn ja, warum.

6. Aktueller Bezug

Material: Papier, Scheren, Stifte, farbiges Tonpapier, Klebstoff

In Anlehnung an Davids Steine für die Steinschleuder schneiden die Kinder nun aus Papier »Steine« aus und schreiben darauf, wie sie sich am liebsten gegen »Riesen« wehren möchten, je Stein eine Möglichkeit (z.B. verhauen, schimpfen, weglaufen, beten). Anschließend überlegen sie, was man mit Steinen alles bauen kann.

Auf farbiges Tonpapier legen sie zunächst entsprechend ihre Steine auf (z.B. ein Haus, eine Mauer, einen Weg, ein Tor). Fehlen noch Steine, können diese einfach unbeschrieben hinzugefügt werden. Dann malen sie sich selbst in passender Größe auf ein Blatt Papier und schneiden die Figur aus. Wenn die Kinder alles entsprechend ihrer Vorstellung gelegt haben, können sie die Steine und die Figur aufkleben.

Bei manchen Kindern wird das Bild u.U. Aufschluß geben über ihr Empfinden gegenüber »Riesen«. Klebt ein Kind z.B. eine Mauer und steht selbst obendrauf, so ist anzunehmen, daß sich das Kind relativ selbstsicher fühlt und nach beiden Seiten hin beweglich ist. »Versteckt« sich ein Kind jedoch hinter der Mauer, so kann das heißen, daß es sich als klein und ängstlich empfindet und schutzbedürftig ist. Ein Haus dagegen könnte bedeuten, daß sich das Kind mit seinen Wünschen/Bedürfnissen und Aggressionen wohl, wie »zu Hause« fühlt, d.h. es kann gut mit ihnen umgehen – oder daß es sich in ihnen gefangen, eingesperrt fühlt. Auch das Größenverhältnis zwischen dem Steingebilde und der Figur kann evtl. einigen Aufschluß geben. So wirkt eine im Verhältnis sehr kleine Figur ängstlich und verletzlich, während eine größere Figur eher Überlegenheit, vielleicht auch unangemessene, überhöhte Größenvorstellung ausdrücken kann. Das Arbeitsergebnis kann man noch einmal zum Anlaß nehmen, um mit einzelnen Kindern das Erleben der Geschichte und ihr eigenes Empfinden zu besprechen. Dies sollte in der Weise ablaufen, daß das Bild vom Erwachsenen zunächst beschrieben (nicht beurteilt!) wird; danach können Fragen oder Vermutungen geäußert werden, wie: »Du kommst wohl gut mit deiner Wut zurecht?« »Du fühlst dich deiner Wut, deinem Ärger ein wenig hilflos ausgeliefert.« »Du traust dich nicht so recht, deine Wut herauszulassen.« Auf diese Weise kann man mit den Kindern ins Gespräch kommen. Vor allem Kinder, die sich wenig (zu-)trauen, fühlen sich damit angenommen und ernstgenommen. Vielleicht öffnen sie sich, vielleicht gewinnen sie ein bißchen mehr Mut.

7. Schluß: Nützliche Steine

Material: Größere, möglichst glatte Steine, Plaka-Farben, Pinsel, Wassergläser, Wasser, Zeitungspapier als Unterlage, evtl. Steinkleber

Die Kinder malen (evtl. selbst gesuchte) Steine mit Mustern oder Motiven bunt an. Diese können sie z.B. als Briefbeschwerer selbst benutzen oder verschenken.

Steht etwas mehr Zeit zur Verfügung, können die Kinder aus mehreren Steinen unterschiedlicher Größe Figuren zusammenkleben und diese zum Schluß anmalen.

8. Lieder

Er war ein Mensch nach Gottes Herzen

Bist du groß oder klein

Daniel in der Löwengrube

(Daniel 6)

1. Zum Text

Im dritten Jahr der Herrschaft Jojakims, des Königs von Juda (605 v.Chr.), belagerte der Babylonierkönig Nebukadnezar Jerusalem. Unter den Unterworfenen suchte er junge Männer, die von königlichem Stamm und edler Herkunft waren, jung, gesund, schön, begabt, weise, klug und verständig. Sie sollten an seinem Hof erzogen werden. Man fand vier Judäer, unter ihnen Daniel.

Daniel zeichnet sich in besonderer Weise durch seine Kenntnis des mosaischen Gesetzes und der babylonischen Weisheit aus. Durch seine Fähigkeiten in der Traumdeutung erweist er sich als allen Weisen des Babylonischen Reiches überlegen und gelangt dadurch zu Ruhm und Ehre. Aus seinem absoluten Vertrauen auf Gott wächst sein ungewöhnlich großer Mut. Dazu kommt sein Verhandlungsgeschick. Er gelangt als Politiker und Richter an höchste Stellen des Reiches. Daran ändert auch die Regierungsübernahme durch verschiedene andere Könige nichts. König Darius schließlich denkt sogar daran, ihn wegen seines überragenden Geistes über das ganze Königreich zu setzen (Daniel 6,4).

Als die übrigen Fürsten (seine Konkurrenten) und die Statthalter (Untergebene der Fürsten) davon erfahren, reagieren sie mit Neid und schmieden ein Komplott gegen Daniel, um seine »Karriere« zu verhindern. Da Daniel tadellos arbeitet, finden seine Widersacher keinen Grund, aus dem sie ihm einen Strick drehen könnten. Deshalb unterbreiten sie dem König einen Gesetzentwurf, der den König fast zum Gott erklärt, letztendlich aber nur dem Zwecke dient, Daniel »ans Messer zu liefern«.

Darius fällt auf diese geschickten Machenschaften herein, da er sich geschmeichelt und geehrt fühlt. Mit Hilfe des Gesetzes, das besagt, daß dreißig Tage lang niemand etwas von Gott oder Menschen bitten dürfe außer vom König, setzen sie Daniel einem Gewissens-konflikt aus, den er von sich aus nie hatte. Denn für ihn schließen sich die Achtung und Loyalität gegenüber dem König und sein Glaube und absoluter Gehorsam gegenüber Gott nicht aus, da der König ihm und seinem Glauben den gleichen Respekt zollt. Wer sich dem neuen Gesetz widersetzt, soll den Löwen zum Fraß vorge-worfen werden.

Trotz der drohenden Strafe läßt Daniel nicht von seinem Gebet und seinem Glauben ab. Seine Widersacher warten nur darauf, ei-len prompt zu Darius und »petzen«. Dabei lügen sie über Daniels Loyalität zum König (V. 14). Da erst durchschaut Darius den Schachzug. Er ist betrübt. Um seines Ansehens willen muß er auf der Einhaltung des Gesetzes bestehen, aber vor Daniel äußert er seinen innigsten Wunsch, daß ihm sein Gott helfen möge. Vor Ver-zweiflung fastet er sogar die ganze Nacht.

Weil er Gott vertraut, bleibt Daniel unverletzt. Zur Strafe läßt Darius die Männer, die Daniel so übel mitgespielt haben, samt ih-ren Familien in die Grube werfen, wo sie von den Löwen getötet werden.

Darius läßt daraufhin überall seinen Befehl ausrufen, daß alle Menschen den Gott Daniels fürchten und anbeten sollen. Er preist Gottes Größe, Macht und Unvergänglichkeit, seinen Willen, zu helfen und zu retten (V. 28). Die Geschichte hat einen gleichnishaf-ten, symbolischen Charakter, da sie grundlegende, allgemeingülti-ge und zukunftsweisende Wahrheiten vermittelt.

1.1 Die Person Daniel

Wie so häufig in der Bibel, so steht auch Daniels Name für sein Le-bensprogramm: »Gott ist mein Richter!« Daniel ist ein zutiefst gläubiger Mensch, der sich seinem Gott völlig in die Hand gegeben hat und ihn für sich »streiten« und »richten« läßt. Er selbst setzt da-bei alle seine Fähigkeiten ein, die ihm anvertraut sind: Schönheit, Klugheit, Weisheit, Sachlichkeit, Verhandlungsgeschick, Mut. Er ruht sich nicht auf seinem Glauben aus, sondern bringt sich in seine Umgebung gesellschaftlich und politisch ein. Er hält auch nicht ängstlich und stur ausschließlich an dem fest, was er in Judäa gelernt

hat, sondern setzt sich mit den gesetzlichen und religiösen Gegebenheiten in Babylonien auseinander. Das verschafft ihm seine
Weisheit und Umsicht, mit der er manch brenzlige Situation gerettet hat. Er bringt sich sogar selbst in Lebensgefahr, als er sich anbie-
tet, den Traum Nebukadnezars zu deuten.

Alle diese Qualitäten werden jedoch in Daniel 6 von seiner
Konsequenz, mit der er seinen Glauben praktiziert, überragt. Daniel versucht sich nicht durch Tricks, wie ein scheinbares Eingehen auf die neuen gesetzlichen Anforderungen, aus der Affäre zu
ziehen, nein, er bleibt demonstrativ bei seinen Gewohnheiten.
Wahrscheinlich hat er vorausgesehen, daß dies sicherlich nicht
der erste und letzte Versuch geblieben wäre, ihn »unschädlich« zu
machen.

1.2 Zwangslage

Daniel ist ein Gefangener und kann nicht mehr frei über sein Leben
verfügen. Aber er macht das Beste aus seiner Situation. Die Angebote des Königs in bezug auf seine Ausbildung nutzt er bis zum letzten für sich aus, ohne jedoch dem König zu schaden.

So wie Daniel geraten viele Menschen in scheinbar ausweglose
Situationen. Die meisten von ihnen reagieren mit Jammern und
Klagen, mit Ohnmachtsgefühlen und Handlungsunfähigkeit und
versäumen so u. U. die Chance, Neues zu lernen und sich weiterzu-
entwickeln. Daniel hat aber nicht nur für sich selbst davon profi-
tiert, sondern er hat auch anderen geholfen, sie beraten usw., und
nicht zuletzt hat er ganz wesentlich zur Verbreitung seines Glaubens
beigetragen.

Daniels Schicksal war kein Einzelschicksal. Das ganze Volk Israel geriet in Gefangenschaft, wurde später über die ganze Erde ver-
streut und in diesem Jahrhundert der Massenvernichtung preisge-
geben. Doch Gott hat – wie bei Daniel auch – seine Macht und sein
Handeln immer wieder an seinem Volk gezeigt.

Kinder werden hierzu sicherlich über keine direkten Erfahrungen verfügen, aber aus anderen Erlebnissen heraus, vielleicht auch
durch die Medien, werden sie die Tatsache der Verfolgung von
Minderheiten und von Andersdenkenden kennen. Mit zunehmen-

dem Alter werden sie viele Situationen mehr und mehr als Zwangssituation erleben (z.B. in Familie und Schule). An Daniels Beispiel können sie viel für ihren Umgang mit solchen unabänderlichen Situationen lernen.

1.3 Die Löwen

Der Löwe wird auch als König der Tiere bezeichnet. Er ist Sinnbild für Stolz, Mut und Stärke. Er ist ein wildes Tier von überschäumender Gier und Lebenskraft: Wenn man mit ihm nicht umzugehen versteht, bedeutet es Vernichtung.

In der Bibel wird der Löwe in unterschiedlichen Zusammenhängen verwendet. In der Geschichte von Daniel verkörpern die Löwen die Macht des weltlichen Herrschers und der Konkurrenten, die Daniel in seiner bis dahin unangefochtenen Stellung angreifen und vernichten wollen. Daniel ist diesen »Löwen« ausgeliefert. Er selbst kann nichts gegen sie tun (was wiederum eine Zwangssituation darstellt). Doch Gottes Macht ist stärker, sie besiegt die Löwen, die sich plötzlich völlig untypisch verhalten: Gottes Kraft hat gewirkt: »Mein Gott hat seinen Engel gesandt, der den Löwen den Rachen zugehalten hat, so daß sie mir kein Leid antun konnten« (V. 23a). Daniel und seine Angreifer können in Frieden nebeneinander leben. (Dies weist auf den Frieden des künftigen Gottesreiches hin, in dem die Raubtiernatur des Löwen verwandelt sein wird und Löwe und Lamm friedlich beieinander weiden werden; Jesaja 11,6-7; 65,25.) Mit Gottes Macht und Hilfe vollzieht sich diese Verwandlung.

Auch Kinder haben manchmal gegen »Löwen« zu kämpfen, und sie müssen lernen, miteinander zu leben. Von Daniel können sie lernen, sich hierbei auf Gottes Hilfe zu verlassen. Daniel versuchte nicht, sich an den Menschen, die ihn in seiner Freiheit beschnitten oder ihm nach dem Leben trachteten, zu rächen. Dieses Richteramt überließ er einzig und allein Gott und anderen Menschen (wie z.B. König Darius). Diese Einstellung kann auch bei Kindern ein Stück innere Gelassenheit für den Umgang miteinander bewirken.

1.4 Die Löwengrube

Bei der Löwengrube in dieser Geschichte dürfte es sich um einen unterirdischen, zisternenähnlichen Zwinger gehandelt haben, in dem der König die gejagten Löwen gefangen hielt. In diesen Käfig zusammen mit den Löwen eingesperrt zu sein, ist eine lebensgefährliche Situation, aus der es kein Entrinnen gibt. Die Löwengrube sollte sozusagen Daniels Grab sein, aber mit Gottes Hilfe entkommt er ihm. Innerlich ist er dabei sicherlich tausend Tode gestorben. Erwachsene können es sich vorstellen: Nachdem er sich auf diese Extremprüfung eingelassen, sich dem Risiko zu sterben ausgesetzt hat und schließlich dem Tode entkommen ist, ist er gewachsen – gefestigter in seinem Glauben und Vertrauen, bestätigt in seinem Tun; seine gesellschaftlichen Möglichkeiten, sich mit seinem Denken, Wissen und Tun einzubringen, nehmen zu. Vor allem gewinnt er an Unabhängigkeit: Wäre Daniel auf die Forderung seiner Feinde eingegangen, wäre sein Spielraum eingeschränkt geblieben auf das, was sie ihm zugestanden und was sie von ihm verlangt hätten. Er wäre zwar äußerlich frei geblieben und nicht in Gefahr geraten, aber innerlich wäre er ein an Menschen und deren Ziele ausgelieferter, gebundener Mensch geworden. Daniel hätte nicht wirklich Frieden gefunden, sondern in einer Art Scheinfrieden gelebt.

Die Tendenz der Menschen geht eher dahin, Konflikten und Krisen aus dem Weg zu gehen, den Weg des geringsten Widerstandes zu wählen und sich schon gar nicht in Situationen zu begeben, die das eigene Leben gefährden könnten. Einen Konflikt auszutragen und eine Lösung herbeizuführen, verlangt vom einzelnen zunächst das Wissen, was er will, Bereitschaft, auf den anderen zuzugehen und auf ihn zu hören, eventuell auch nachzugeben.

Daniel stellt sich der Herausforderung an seinen Glauben. Er geht keinen faulen Kompromiß ein und ist unnachgiebig, weil es in diesem Fall nur ein Entweder – Oder, ein Ja oder Nein gibt. Daniel kneift nicht. Die Bereitschaft, sein Leben für seinen Glauben zu opfern, hat ihm letztlich sein Leben, eine neue Lebensqualität geschenkt. Damit ist der Bogen zum Neuen Testament gespannt, wo es mehrmals heißt: Wer sein Leben erhalten will, der wird's verlieren; wer aber sein Leben verliert um meinetwillen, der wird's finden (z.B. Matthäus 16,25; Markus 8,35).

Das Buch Daniel ist in seiner Zusammenschau der Weltge-
schichte und der Geschichte des Reiches Gottes einzigartig. Es
zeigt »den Untergang alles dessen, was sich gegen das Reich Gottes
erhebt . . .« Der Herrschaft Gottes muß sich schließlich alles
beugen.

2. Ziele

Die Kinder sollen

- den Inhalt der Geschichte kennenlernen;
- erfahren, daß Menschen auch heute in solche Zwangssituationen
  wie die des Daniel hineingeraten (können);
- in ihrem eigenen Leben Zwangssituationen aufspüren und aus
  der Sicht aller daran Beteiligten sehen und beurteilen lernen;
- an Daniels Beispiel lernen, wie man schwierige, (lebens-)gefähr-
  liche Situationen meistern kann;
- erfahren, daß Konfliktsituationen nicht grundsätzlich negativ
  sind, sondern Ausgangspunkt für eine neue Lebensqualität sein
  können;
- erfahren, daß Gott sowohl Richter als auch Retter der Menschen ist;
- erfahren, daß der Glaube an Gott in schwierigen Situationen
  hilft, da man aus ihm Vertrauen, Kraft und Mut schöpfen kann.

3. Einstimmung und Vorbereitung

Wo ich (nicht) sein möchte

Material: Papier, Buntstifte

Die Kinder legen ihren Kopf in die Arme, schließen die Augen und
stellen sich folgendes vor:
  Zunächst sind sie an einem sehr schönen Ort, an dem sie gerne
sein möchten und wo es ihnen gut gefällt. Sie stellen sich die Farben,

Geräusche, Gerüche und die Temperatur vor. Vielleicht fühlen sie etwas auf der Haut. Anschließend stellen sich die Kinder einen Ort vor, an dem sie auf keinen Fall sein möchten, und zwar – wie beim ersten Mal auch schon – möglichst genau und intensiv.

Diese Eindrücke geben sie nun jeweils in einem Bild wieder. Danach werden alle Bilder mit den schönen Orten zusammengeklebt und aufgehängt; ebenso werden die anderen Bilder mit den nichtschönen Orten zusammengeklebt und neben die schönen Orte plaziert.

Indem die Kinder die Bilder von beiden Orten miteinander vergleichen, können besondere Merkmale herausgearbeitet werden. Dabei ergeben sich voraussichtlich folgende Unterschiede:
- Schöne Orte: farbenfroh, hell und freundlich, ordentlich gemalt; viel Natur (Tiere, Blumen, Wasser usw.); Spielplätze.
- Nichtschöne Orte: dunkle, braune Farben, Rot als Signal-, Gefahrenfarbe; viel Technik, Straßenverkehr, Umweltverschmutzung; Naturgewalten; einsame Orte; Langeweile, Stillsitzen.

Zwangslagen

Material: Zeitungen, Zeitschriften usw., Plakatkarton, Scheren, Klebstoff

Kinder kennen aus ihrem Erleben bedrängende Situationen unterschiedlicher Art und Ausprägung.

Sie sollen nun in kleinen Gruppen solche Zwangssituationen erinnern und in kleinen Rollenspielen nachspielen. Nach jedem Spiel sprechen sie gemeinsam über die Art des Zwangs, die Person(en), die den Zwang ausübt (ausüben), und wie die Kinder mit der Situation umgegangen sind, was ihnen leicht- und was schwergefallen ist.

Damit die Kinder aber auch über sich selbst und ihren näheren Lebensraum hinausschauen und andere Menschen in ihren Lebensbedingungen sehen lernen, sammeln sie aus Zeitungen usw. Bilder, auf denen Menschen in Zwangssituationen abgebildet sind (z.B. Bilder aus Kriegs- oder Hungergebieten, Wohnsilos, Behinderte . . .). Diese Bilder kleben sie auf ein großes Plakat und hängen es neben die Bilder mit den nichtschönen Orten. Sie können Anlaß sein, um über das Aussehen, den Gesichtsausdruck, die Körperhaltung, die Umgebung solcher Menschen zu sprechen.

Der Superstar

Schulkinder kennen sicher diese Situation: In der Klasse ist immer mindestens ein Kind, das alles perfekt macht, sich immer zu benehmen weiß, immer Erfolg und gute Noten hat und dafür natürlich auch entsprechendes Lob erntet. Auch innerhalb der Familie und Verwandtschaft kann es so jemanden geben.

Die Kinder legen ihren Kopf in die Arme. Während nun der Bibliodrama-Leiter die Situation in Einzelheiten und mit vielen praktischen Begebenheiten schildert, stellen sich die Kinder vor, daß sie zu dieser Schulklasse (oder Familie) gehören und mit diesem »Superstar« zu »kämpfen« haben. Danach beschreibt der Bibliodrama-Leiter, wie der Superstar von den vielen Erwartungen um ihn herum abhängig ist, denn Lob bekommt er nur, wenn er alles zur Zufriedenheit anderer verrichtet. Gegenüber seinen Klassenkameraden (oder Geschwistern) verliert er schnell die Geduld, wenn sie nichts begreifen, zu wenig oder unordentlich arbeiten. Und so weiter. Die Beispiele sollten auf die jeweilige Gruppe zugeschnitten werden, wobei gegenüber dem einzelnen Kind eine gewisse Vorsicht geboten ist, da sich niemand persönlich angegriffen fühlen und eine vielleicht bestehende negative Gruppenstruktur dadurch nicht zusätzlich belastet werden soll.

Anschließend sprechen die Kinder über ihre Gefühle während dieser Übung: Bei welcher Situation waren sie am stärksten, welcher Art waren sie? Wie hätten sie am liebsten reagiert? Wer möchten sie lieber sein – der »Superstar« oder ein »normales« Gruppenmitglied?

Gefühlsausbruch

Ein »Superstar« wird ausgewählt. Er setzt sich auf den Boden. Die übrigen Kinder gehen im Kreis um den Superstar herum und äußern alle ihre Gefühle ihm gegenüber. Dabei sollen sie auch möglichst viel an Mimik und Gestik einsetzen. Allerdings darf niemand den Superstar, der sich still verhält und alles über sich ergehen läßt, berühren. Nachdem diese Übung mit verschiedenen »Superstars«

durchgeführt worden ist, tauschen die Kinder ihre jeweiligen Empfindungen aus und gehen dabei auch auf ihre Körperhaltung, Gestik und Mimik ein. Danach sollten sie versuchen, das Verhalten
beider Personengruppen in bezug auf ihre Motive und die Ange-
messenheit ihrer Reaktionen zu bewerten.

Das gleiche Spiel kann anschließend noch einmal durchgeführt
werden, nur etwas variiert: Die Kinder gehen schweigend um den
Superstar herum, dürfen allerdings Gestik und Mimik voll einbringen. Der Superstar, der sich noch einen zweiten Superstar als Hilfe
dazunehmen kann, darf sich nun rechtfertigen und dabei frei im
Kreis bewegen, ohne jedoch die anderen Kinder zu berühren.

Zum Abschluß gibt es noch einmal eine Gesamtauswertung des
Spiels.

4. Präsentation des Textes

Den Kindern wird nun unter Einbeziehung von Daniels »Vorle-
ben« die Geschichte erzählt. Damit die Kinder sich intensiv in das
Geschehen einfühlen und gut konzentrieren können, sollten sie ihren Kopf in die Arme legen und die Augen schließen.

Um beim folgenden Abschnitt möglichst »authentische«, unverfälschte, persönliche Ergebnisse zu erreichen, sollen die Kinder an
dieser Stelle noch nicht über die Geschichte sprechen.

5. Spielen der Geschichte

Beeindruckend

Material: Papier, Buntstifte

Jedes Kind wählt für sich *eine* Situation aus der Geschichte aus, die
es besonders beeindruckt hat, und malt dazu ein Bild oder schreibt
einen Satz, der das Wesentliche ausdrückt.

Danach schließen sich immer drei bis vier Kinder zusammen. Sie legen ihre Bilder oder Sätze in die Mitte auf den Boden und betrachten sie genau. Nun sucht sich jedes Kind das Blatt eines anderen Kindes aus und beschreibt, was es sieht, äußert Vermutungen, warum das Kind gerade diese Situation herausgegriffen haben wird, und spricht über sein eigenes Empfinden zu dieser Situation. (Wichtig: Hier kommt es nicht auf die äußerliche Qualität, sondern auf den Inhalt der Bilder/Sätze an! Deshalb sollen die Kinder bewertende Äußerungen wie: »Das hast du aber doof gemalt!« unterlassen.)

Erst wenn auf diese Weise alle Bilder/Sätze vorgestellt wurden, darf jedes Kind zu seinem eigenen Bild oder Satz seine eigenen Gedanken hinzufügen. Dadurch sind die Kinder gezwungen, ihre eigenen Gedanken zunächst hintenan zu stellen und auf die Beobachtungen und Empfindungen der anderen zu hören. Das hilft ihnen dabei, sich noch tiefer in die Geschichte hineinzudenken und neue Anregungen für ihre eigene Betrachtungsweise zu gewinnen.

Die Bilder/Sätze bringen die Kinder nun in eine zeitliche Reihenfolge und versuchen, die Situationen, die sie dargestellt/aufgeschrieben haben, spielerisch zu gestalten und darzustellen. Jüngere Kinder werden wahrscheinlich gleich die ganze Geschichte zu spielen versuchen. Ihnen fällt es noch schwer, sich auf einen Aspekt zu beschränken, da sie die Geschichte als Ganzes erleben und noch nicht analytisch-differenziert. Dabei ist es für die Kinder aufgrund der begrenzten Personenzahl kein Problem, hintereinander in derselben Szene verschiedene Rollen zu spielen.

Anschließend werden die einzelnen Situationen im Plenum vorgestellt. Danach wird untersucht, ob bestimmte Situationen häufiger vorkommen, und überlegt, warum das so ist. (Z.B.: Daniel wird in die Löwengrube geworfen. Diese Situation macht Kindern besonders angst.) Diese können dann entweder von allen Kleingruppen von vorher oder von jeweils ausgewählten Kindern vor dem Plenum noch einmal in besonderer Weise ausprobiert und gespielt werden.

Zum Abschluß sollten die Kinder noch einmal die Gelegenheit erhalten, über ihre persönlichen Empfindungen und Erfahrungen während des Spieles zu sprechen.

Entscheidung

Material: Eine Bibel, eine Krone aus Goldfolie oder gelbem Fotokarton, ein langes Seil, kleine Zettel, Stifte, Wäscheklammern

Die Kinder stellen sich im Kreis auf. In der Mitte liegen nebeneinander eine Bibel und eine Krone. Der Bibliodrama-Leiter erklärt, daß es für Daniel bisher kein Problem war, die Gebote Gottes (symbolisiert durch die Bibel) und die Gesetze des Königs (symbolisiert durch die Krone) gleichzeitig einzuhalten.

Plötzlich beschließen die Fürsten ein Gesetz, das Daniel vor die Entscheidung stellt: Entweder Gott oder dem König gehorchen! Der Bibliodrama-Leiter legt nun die Bibel in die eine Ecke des Raumes und die Krone in die entgegengesetzte. Beide verbindet er mit einem langen Seil. Die Kinder stellen sich vor, sie ständen wie Daniel vor der Entscheidung. Sie gehen nun zu beiden Seiten des Seiles langsam und bedächtig an dem Seil entlang, hin und her, mal in Richtung Bibel, mal in Richtung Krone, und bedenken dabei die jeweiligen Folgen ihrer Entscheidung. Nach einer Weile (alle Kinder sollten an jedem Seilende zwei- bis dreimal gewesen sein) sucht sich jedes Kind die Stelle am Seil, an der es sich persönlich am wohlsten gefühlt hat. Dort befestigt es mit Hilfe einer Wäscheklammer einen Zettel mit seinem Namen. Dabei kann die Entscheidung durchaus zunächst offen bleiben, d.h. die Kinder dürfen auch die Mitte wählen und damit ihr Unvermögen, sich zu entscheiden, ausdrücken. Sie dürfen jede Stelle am Seil wählen.

Auch wenn die Daniel-Geschichte nach einer Entscheidung verlangt, so wäre es ihr nicht angemessen, ein Kind zu einer Entscheidung zu drängen: Einem Kind muß der Freiraum bleiben, diese Notwendigkeit und den persönlichen Wunsch und Willen zur »richtigen« Entscheidung selbständig zu entdecken und umzusetzen. Kinder müssen erst lernen, ihre Entscheidungsfähigkeit zu entwickeln und sie dann auch richtig anzuwenden.

Zum Abschluß dieser Übung sprechen die Kinder über ihre Empfindungen während des Gehens, ihre möglichen Schwierigkeiten, sich zu entscheiden, den Zwang, sich entscheiden zu müssen. Während dieser Reflexionsphase werden die Kinder vielleicht sogar sehr schnell zu der Erkenntnis gelangen, daß es in dieser Geschichte nur ein Entweder – Oder gibt und es letztlich nur noch um die Entscheidung zwischen Leben und Tod geht.

Selbstgespräch

Die Kinder versetzen sich jetzt gedanklich in Daniels Situation. Sie führen – jeder für sich – ein Selbstgespräch, in dem sie alle Überlegungen, alle Gedanken, die Daniel durch den Kopf gegangen sein mögen, in Worte fassen. Anschließend tragen die Kinder ihre Gedanken zusammen (z.B. Daniels Angst, seine Enttäuschung über die Fürsten und den König, sein innerer Zwiespalt, seine Vorwürfe Gott gegenüber, dem er doch vertraut hat). Davon können nun einzelne Aspekte herausgegriffen und von allen Kindern spielerisch unter besonderer Berücksichtigung von Gestik und Mimik dargestellt werden. Die Kinder erfahren so u.a., daß Entscheidungen Zeit und Muße brauchen, daß eine Abwägung aller beteiligten Faktoren notwendig ist, um vorschnelle, unbefriedigende und vielleicht auch unangemessene Lösungen zu vermeiden.

Gefahr naht

Material: Ein langes Seil, Zettel, Stifte

Alle Kinder spielen nun Daniel. Sie gehen in einem weiten Kreis um eine Grube herum, die man mit einem Seil auf dem Boden auslegt. Jeder hängt dabei zunächst seinen Gedanken nach – Daniels Gedanken – und sucht sich seinen persönlichen Abstand zur Grube. Nach einer Weile können vom Bibliodrama-Leiter folgende Fragen eingeworfen werden: Wer traut sich zu den Löwen? Wer traut sich nah an die Grube heran, wer nicht? Wer traut sich mit einem anderen Kind zusammen, Hand in Hand? Wie spüren sie, was sie wollen, was richtig ist? Welcher Drang ist stärker: Zur Grube hin oder von ihr weg? Welchen Körperteil spüren sie besonders stark, wenn es darum geht, die Entscheidung zu treffen? (Vielleicht die Beine, die weglaufen wollen? Oder das Herz, das vor Aufregung schlägt?) Was spüren sie in ihrem Körper: Bauchschmerzen, Kribbeln vor Nervosität?

Wie die einzelnen Kinder sich entscheiden, darf auf keinen Fall bewertet, sondern lediglich beschrieben werden. Z.B. »Du hast den Schritt in die Grube gewagt!« »Du stehst noch ein wenig abseits, du fürchtest noch die Gefahr!« Aber nicht: »Du bist aber sehr (überhaupt nicht) mutig!« Es ist auch erlaubt, mit einem Fuß im Kreis und mit dem anderen draußen zu stehen. Die Kinder sollen sich der Gefahr und der Folgen ihrer Entscheidung sehr bewußt werden und sich mit ihrem evtl. noch fehlenden Mut annehmen können. Auf dieser Basis werden sie später immer mutigere Schritte wagen.

In einer weiterführenden Reflexion könnten die Kinder überlegen, was sie (oder andere) im einzelnen davon abgehalten haben könnte, nahe an die Grube heran- oder gar hineinzutreten. (»Weil ich Angst habe. Weil ich mir nicht sicher bin, daß Gott mir wirklich hilft, weil ich Dinge getan habe, die nicht richtig waren.«) Diese Gründe schreiben die Kinder auf einen Zettel und legen diesen außen an die Grube an. Alle Zettel zusammen ergeben dann eine Art Mauer um die Grube herum, die es erst noch zu überwinden gilt, will man den Schritt in die Grube wagen. Wer bereits in die Grube hineingetreten ist, kann auch dafür seinen Grund aufschreiben. (Z.B.: »Gott beschützt mich. Ich möchte Gott vertrauen. Dann bin ich bei Gott. Ich möchte Gott treu bleiben.«) Diese Zettel werden dann in den Kreis hineingelegt. Drückt jemand seine Unentschlossenheit aus, so finden diese Zettel ihren Platz auf dem Seil.

Lauter Löwen

Bei dieser Übung beschäftigen sich die Kinder mit den Löwen: Sie legen sich bequem auf den Boden und stellen sich vor, sie seien ein Löwe. Wer möchte, kann die folgenden Bewegungen mit ausführen, ohne jedoch seinen Platz zu verlassen. Die anderen bleiben ruhig liegen. Wichtig: Alle Kinder bleiben leise und lauschen den Angaben des Bibliodrama-Leiters:

Behäbig und schwer liegst du auf dem Boden, müde reckst du deine Beine und streckst dich. Dein Fell ist ganz warm und weich. Plötzlich reißt du das Maul weit auf und gähnst. Du blinzelst mit den Augen in der Sonne. Dann schließt du die Augen und genießt die Wärme. Da – du hörst unbekannte Geräusche – du spitzt die Ohren und lauschst. Du neigst deinen Kopf ein wenig zur Seite. Die Geräusche kommen näher, es sind Schritte, du hebst den Kopf und wendest ihn in ihre Richtung. Du richtest dich auf, stellst zuerst deine Vorderpfoten auf, dann deine Hinterbeine und gehst in Hab-Acht-Stellung. Du bleckst deine Zähne und drohst. Alles in dir ist angespannt, du bist auf dem Sprung, um einem möglichen Angreifer zuvorzukommen. Du lauerst. Jeder Muskel in deinem Gesicht, jede Faser deines Körpers ist hart und gespannt, in Bereitschaft, auf einen Feind loszugehen. Doch da entfernen sich die Schritte wieder, bis sie ganz leise und schließlich nicht mehr zu hören sind. Nach und nach entspannst du dich wieder. Du wirst ganz locker und legst dich bequem hin.

Diese Übung führt man noch zweimal in verkürzter Form durch, so daß die Kinder deutlich den Wechsel von Anspannung und Entspannung erleben.

Anschließend sprechen die Kinder darüber, wie sie sich als Löwe gefühlt haben (z.B. stark, zu sehr angestrengt, verletzlich, hungrig).

Unter Einbeziehung der beiden letzten Übungen überlegen die Kinder nun, wer sie lieber sein möchten: Daniel oder ein Löwe. Jedes Kind sagt, wofür es sich entscheidet und warum. Diese Entscheidung/Begründung wird wiederum nicht bewertet, da jedes Kind die Freiheit zur Entscheidung behalten muß. Wichtig ist, daß die Kinder überhaupt in irgendeiner Form Stellung beziehen und sich ihrer Empfindungen und Motive ein Stückchen mehr bewußt werden: Sich der »Löwenanteile« in ihrer eigenen Persönlichkeit bewußt zu werden, kann ein erster Schritt zu einem positiven Umgang mit ihnen bedeuten. Oder das Wahrnehmen des Bedürfnisses nach Vertrauen und Gottesnähe und die Erfahrung, daß »ein Engel den Löwen den Rachen zugehalten hat«, können tiefen Glauben bewirken. So kann jedes Kind für sich einen Aspekt dieser Geschichte »einverleiben«.

Inszenierung der Geschichte

Für eine abschließende Inszenierung der gesamten Geschichte sucht sich jedes Kind seine persönliche Rolle aus: Daniel, König, Fürst, Diener, Gott, Löwe, Löwengrube, Stein vor der Öffnung der

Löwengrube, das Gesetz usw. (Die Kinder werden sich voraussichtlich Figuren für ihre Rolle auswählen und zur Darstellung der Grube oder des Gesetzes echte Gegenstände benutzen. Dennoch sollte
man sie ruhig darauf hinweisen, daß man dafür auch nur den Körper einsetzen kann.) Bei der szenischen Darstellung sollen die Kinder nach Möglichkeit alle bisherigen Dialoge und die geeignete Mimik und Gestik einbeziehen.

6. Aktueller Bezug

»Löwenfutter«

Die Kinder überlegen,
– wo sie sich gegenseitig »den Löwen zum Fraß vorgeworfen«
  haben;
– wo sie sich – aus Neid oder Angst – untereinander übel mitgespielt und dem anderen »eins ausgewischt« haben;
– wo einer den anderen bei den Eltern, dem Lehrer oder einem anderen Erwachsenen angeschwärzt hat, um für sich selber Vorteile
  zu verschaffen.
Entweder erzählen die Kinder von entsprechenden Erlebnissen oder
stellen sie in kleinen Rollenspielen dar. In einem abschließenden Gespräch sollten sie über die Motive für ihr Verhalten nachdenken und
über Möglichkeiten, positiv mit solchen natürlichen Gefühlen wie
Neid, Minderwertigkeitsgefühl, mangelndes Selbstwertgefühl und
Angst umzugehen (z.B. sich seiner Gefühle überhaupt erst einmal
bewußt zu werden, sie zu benennen; miteinander über Gefühle, die
man gegen jemanden hat, sprechen; überlegen, was man evtl. gemeinsam gegen die Entstehung solcher Gefühle tun kann).

7. Schluß: (Un-)gefährliche Löwen

Material: Vergrößerte Kopie der einzelnen Löwenteile, Pappe, weißer Fotokarton, Bleistift, Scheren, Buntstifte, Musterklammern

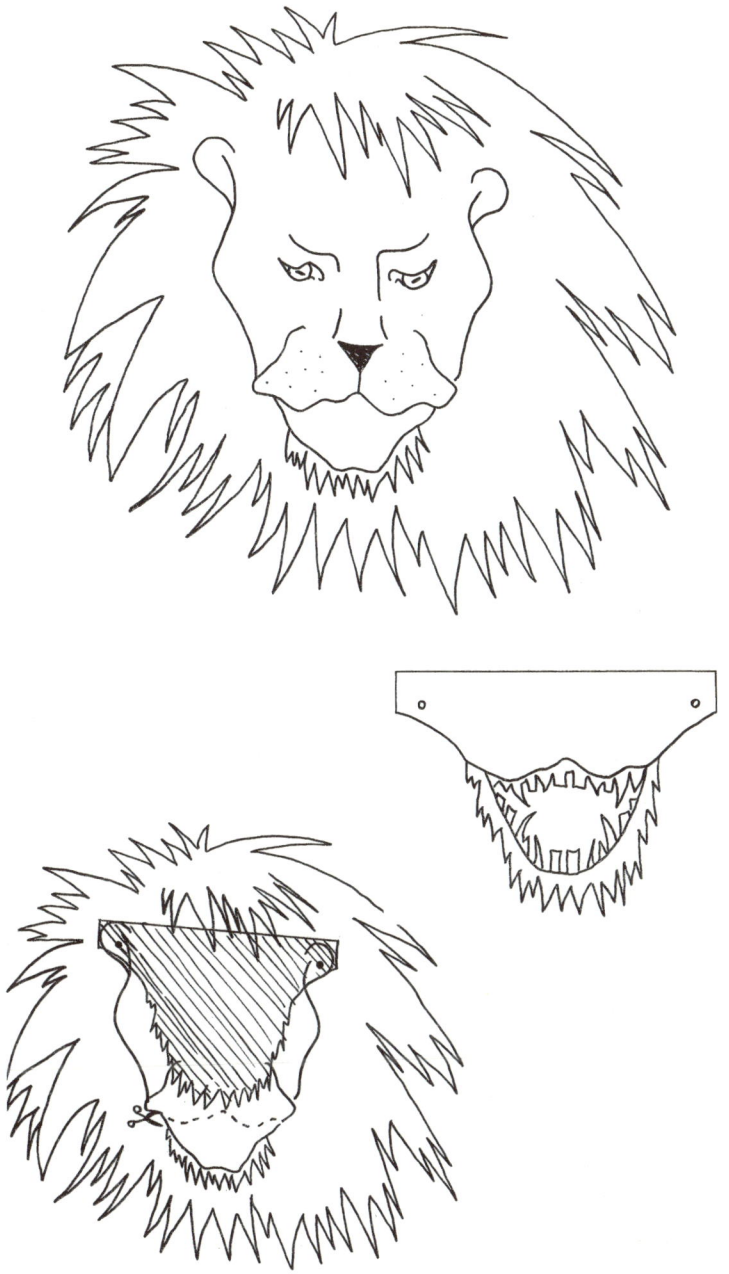

59

Die Kopie der Teile für den Löwenkopf wird auf Pappe geklebt und sorgfältig ausgeschnitten. Mit diesen Schablonen zeichnet man nun für alle Kinder ausreichend Teile auf Fotokarton vor. Diese werden von den Kindern ausgeschnitten, farbig ausgemalt und entsprechend der Anleitung zusammengefügt.

Diese Löwen können die Kinder an die Wand hängen und bei Bedarf betätigen (z.B. als »Stimmungsbarometer«: Ist ein Kind aggressiv eingestellt, öffnet es dem Löwen den Rachen – dabei hängt der Kiefer lose in der Maulöffnung –, ist es dagegen »zahm«, schließt es den Rachen, indem es den Kiefer mit 2 Musterklammern an den Ohren befestigt).

8. Lied

Gott vertrauen, auf ihn schauen

Jesus und die Kinder
(Markus 10,13-16)

1. Zum Text

Zu Jesus werden Kinder gebracht. Von wem, das ist aus dem Text nicht ersichtlich, man kann aber annehmen, daß es die Eltern sind. Sie bitten Jesus, er möge die Kinder segnen. Diese Bitte entspricht zum einen einem jüdischen Brauch, nach dem Väter ihre Kinder und Lehrer ihre Schüler segnen. Zum anderen ist die Segnung ein Zeichen dafür, daß das Gelingen des Lebens von Gottes Barmherzigkeit abhängt und der Mensch Gottes Schutz und seine Kraft braucht. Der Segen verheißt ein erfülltes Leben unter dem Schutz Gottes.

Doch die Jünger wollen die Kinder nicht zu Jesus lassen. Wahrscheinlich halten sie sie für unwürdig, denn nach den Vorstellungen des Judentums waren Kinder zwar eine Gabe Gottes und bedeuteten Glück und Segen für die Eltern, aber gleichberechtigt und mündig waren sie auch im religiösen Sinne erst, nachdem sie in der Lehre der Thora unterwiesen und kundig waren. Die religiöse Unterweisung der Kinder erfolgte zunächst innerhalb der Familie.[1]

Die Eltern lehrten ihre Kinder die Gebote Gottes und ermunterten sie, Fragen über die Religion und die Geschichte ihres Volkes zu stellen. Die Kinder lernten Teile der Bibel auswendig, lernten aber durch die traditionellen Feste (z.B. das Passahfest oder Laubhüttenfest) auch auf ganz lebendige Weise die Geschichte ihres Volkes kennen.

Die Jünger spielen sich in dieser Geschichte von der Kindersegnung als »Anwälte Jesu« auf und glauben, seine Interessen zu vertreten, indem sie die unmündigen Kinder zurückweisen. Aber Jesus belehrt sie eines anderen. Er tut genau das Gegenteil, das Unerwartete, und führt so mit Hilfe dieser Kinder ein Lehrstück vor: Die Kinder, die mit leeren Händen kommen, die nichts vorzuweisen, noch nichts geleistet und damit auch nichts »verdient« haben, diese Kinder macht Jesus zum Vorbild für alle, die zu ihm kommen wollen (vergleiche auch Matthäus 18,1-11!). Nur wer bereit ist, sich alles, was er zum Leben braucht, schenken zu lassen, kann zu Jesus kommen – nicht wer zuerst Gottes Wort vorwärts und rückwärts auswendig lernt, zu jeder Glaubensfrage die passende Antwort parat hat oder sich für einen berufenen Moralapostel hält. Wer dagegen »mit leeren Händen« kommt, der kann sie sich von Jesus füllen lassen. Es bedarf keinerlei Aufwendungen und Vorleistungen dazu. Jesus beschenkt die Kinder. Er macht dies deutlich, indem er ihnen die Hände auflegt und sie segnet. Die Verheißung seiner Barmherzigkeit und Gerechtigkeit, seines Schutzes und seiner Kraft gilt auch ihnen.

Diese Geschichte enthält einige Vergleichspunkte, zu denen Kinder schon früh über eigene Erfahrungen verfügen.

1.1 Die Erwachsenen-Kind-Beziehung

Kinder erfahren schon recht früh, daß sie »unmündig« sind, nicht mithalten können, ja sogar stören. Nicht selten hören sie: »Das verstehst du noch nicht! Dazu bist du noch zu klein! Das kannst du noch nicht! Laß die Finger davon! Ich kann dich jetzt nicht gebrauchen! Du bist jetzt still!« usw. Gerade die Personen, deren Zuwendung, Hilfe und Schutz sie brauchen, weisen die Kleinen häufig zurück, weil sie sich gestört fühlen und ihnen die Kinder lästig sind. Nicht immer geschieht das in Geduld und im richtigen Tonfall: So kann es durchaus vorkommen, daß gestreßte Eltern ihre Kinder anfahren und sie damit zurückstoßen und verletzen.

Aber auch in anderen Situationen werden Kinder durch Erwachsene verdrängt: beim Einkaufen an der Ladentheke, beim Spielen auf der Straße, im Park oder auf dem Rasen vorm Wohnblock. Ihre »Spielräume« im wahrsten Sinne des Wortes werden immer mehr eingeschränkt. Das Leben und Spielen der Kinder wird ausgegliedert aus dem normalen, alltäglichen Leben: ins Kinderzimmer, in Sporthallen und Freizeitparks, vor den Fernseher oder an den Computer. Es werden eigens dafür künstliche Spielwelten geschaffen, nur damit sich die Erwachsenen, insbesondere die Eltern, nicht ständig um ihre Kinder bemühen und für sie da sein müssen, sondern ihren eigenen Interessen ungestört nachgehen können.

In diesem Zusammenhang gilt es, auch darüber nachzudenken, welches Glaubensverständnis Erwachsene haben und was sie ihren Kindern davon vermitteln. Es ist wohl typisch für menschliches Denken überhaupt, daß Leistungen an bestimmte Vorleistungen und Bedingungen geknüpft sind. Auch wenn es vielleicht wörtlich nicht so gemeint ist, bekommen Kinder immer wieder von ihren Eltern zu hören: »Wenn du jetzt nicht artig bist, habe ich dich nicht mehr lieb!« Wie oft setzen christliche Eltern ihre Kinder moralisch unter Druck und benutzen, ja mißbrauchen die Person Jesu, indem sie sich auf Jesus berufen, sich – ähnlich wie die Jünger – als sein »Anwalt« aufspielen und z.B. sagen: »Jesus mag das aber nicht, wenn du so bist! Jesus hat das nicht gerne! Das findet Jesus aber nicht schön, wenn du das tust!« Kinder bekommen so von Jesus ein Bild, das eher einem Monstrum gleicht, dessen Erziehungsmaßnahmen man fürchten muß, als einem bedingungslos Liebenden, an den man sich jederzeit wenden kann – ohne Vorleistungen. Genau dieses Bild will aber diese Geschichte vermitteln. Kinder brauchen »Begleiter«, die Jesu Vorbild folgen, die sie anhören und ihre Bedürfnisse ernst nehmen. Dann fassen sie Vertrauen – zu sich selbst und zu den erwachsenen Bezugspersonen. So erfahren sie, daß sie bedingungslos angenommen und geliebt sind. Die Erwachsenen-Kind-Beziehung kann auf diese Weise ein – wenn auch sehr abgeschwächtes – Abbild geben von der Beziehung des Menschen zu Gott, dem »Abba«, dem liebenden Vater, und manches Kind wird vielleicht früher oder später bereit sein, auf eine solche Kind-Beziehung zu Gott, dem himmlischen Vater, einzugehen.

1.2 Die Kraft der Berührung

Jesus ließ die Kinder nicht nur zu sich kommen, sondern er berührte sie. Er nahm sie in den Arm und legte ihnen die Hand auf. Diese Berührungen kennen Kinder auch von ihren Eltern und anderen Personen, die sie mögen und ihre Liebe und Zuneigung zum Ausdruck bringen wollen. Zur liebevollen Zuwendung gehört es, die geliebte

Person anzuschauen und den Blickkontakt mit ihr zu suchen, ihr aufmerksam zuzuhören, mit ihr zu sprechen, vielleicht einen Spaß zu machen und sie z.B. über den Kopf zu streicheln, in den Arm zu nehmen und fest zu drücken. Kinder brauchen diesen Körperkontakt, um sich wirklich ganz – »mit Haut und Haaren« – geliebt fühlen zu können. Nur zu sagen »Ich habe dich lieb« genügt nicht, man muß es auch zeigen und »spüren« können. Jesus tat damit alles, was ein Mensch tun kann, um diesen Kindern zu zeigen: »Ich liebe euch wirklich. Ich rede und predige nicht nur, ich kümmere mich auch um eure einfachsten Bedürfnisse und stille sie.« Die Kinder nehmen den Segen Jesu nicht nur über ihre Ohren auf, sondern über den ganzen Körper. Sie erfahren ihn entsprechend ihrer Art, Dinge zu lernen und aufzunehmen, nämlich ganzheitlich.

Leider ist den Erwachsenen dieses ganzheitliche Aufnehmen, Empfinden und Vermitteln abhanden gekommen, weil der Intellekt und das Lernen über den Verstand zu sehr in den Vordergrund gestellt wurden. Dazu kommt, daß gerade die Auslegung der christlichen Lehre eher eine Leibfeindlichkeit denn eine bewußte Einbeziehung des Körpers in alles Erleben propagiert hat. Dabei hat Gott den Menschen mit Leib, Seele und Geist als eine in sich geschlossene und funktionierende Einheit geschaffen. Zwar werden Leib und Seele unterschieden; dennoch wird der Mensch in der Bibel in seiner Ganzheit beschrieben, »ohne Vereinerleiung oder Überbetonung des einen über das andere (weder materialistisch noch spiritualistisch)«[2]. Der Leib ist untrennbar mit Geist und Seele verbunden. Immerhin heißt es in 1. Korinther 6,19-20: »Oder wißt ihr nicht, daß euer Leib ein Tempel des heiligen Geistes ist, der in euch ist und den ihr von Gott habt, und daß ihr nicht euch selbst gehört? Denn ihr seid teuer erkauft; darum preist Gott mit eurem Leibe.« Wie kann man Gott mit etwas loben, das man, obwohl er es geschaffen hat, ignoriert, vernachlässigt, ausklammert? Die Unterdrückung oder Überbewertung von Leib, Seele oder Geist stört das Gleichgewicht des Menschen und führt, wie wir heute oft erleben, zu den verschiedensten Auswüchsen und Krankheiten. Also kehren wir zurück zu dem, was Gott geschaffen hat, nehmen es wahr und lernen, damit als Einheit umzugehen.

2. Ziele

Die Kinder sollen

- den Inhalt der Geschichte kennenlernen;
- die Beziehung Erwachsene – Kind bewerten;
- die gesellschaftliche Stellung, die Interessen und Motivationen der Erwachsenen in dieser Geschichte und die der Kinder anhand persönlicher Erlebnisse und Erfahrungen nachvollziehen;
- wahrnehmen und erfahren, daß sie wertvoll sind und »würdig«, um zu Jesus zu kommen;
- Merkmale einer guten, liebevollen Beziehung herausarbeiten und Möglichkeiten wahrnehmen, selbst Einfluß auf Beziehungen ausüben zu können;
- die Kraft der Berührungen wahrnehmen;
- erfahren, daß es keiner Vorleistungen bedarf, um zu Jesus zu kommen;
- erfahren, was der Segen Jesu für den Menschen bedeutet.

3. Einstimmung und Vorbereitung

Bevor die Kinder in die Geschichte selbst einsteigen, sollen sie sich zunächst mit sich selbst, ihrer Person und der Situation, in der sie leben, beschäftigen. Danach geht es darum, Kinder in der eigenen Umgebung und in der ganzen Welt zu sehen. Vor diesem Hintergrund sollen die Kinder zu einer Bewertung der Stellung von Kindern in der sozialen Gemeinschaft gelangen. Sie sollen sich aktiv in die Lage anderer Kinder hineinversetzen und deren Erfahrungen im Spiel nacherleben, aber auch versuchen, den Standpunkt von Erwachsenen nachzuvollziehen und zu verstehen.

Das bin ich

In diesem ersten Teil versuchen sich die Kinder selbst wahrzunehmen und darzustellen. Das kann auf vielfältige Weise geschehen.

Dazu kann man den Kindern die folgenden Themen vorschlagen, sie können aber auch eigene Ideen entwickeln und diese realisieren.

Mit Hilfe von Papier, Buntstiften, Wachsmalkreiden oder Wasserfarben, Scheren, Klebstoff, Zeitschriften, Katalogen und alten Kalendern versuchen sie, sich jeweils auf einem großen Bogen Fotokarton selbst darzustellen.

- So sehe ich aus.
- Das esse ich gerne.
- Das spiele ich besonders gern.
- Mein Lieblingskuscheltier.
- Diese Tiere mag ich besonders gerne.
- Diese Menschen/Personen mag ich am liebsten.
- Das kann ich besonders gut.

Familienspiele

Die Kinder erzählen von ihren Spielen, die sie gemeinsam innerhalb der Familie mit den Eltern spielen. Dabei soll vor allen Dingen das Miteinander von Alt und Jung thematisiert werden, z.B.

- die Hilfe durch die Eltern;
- die Geduld/Ungeduld der Eltern;
- die (fehlende) Zeit der Eltern für die Kinder;
- die Schwierigkeit, Eltern zum Mitspielen zu bewegen.

Die eine oder andere Situation können die Kinder auch nachspielen, z.B.: Wie überrede/überzeuge ich meine Eltern davon, mit mir zu spielen? Welche Argumente/Ausreden führen die Eltern an? Die Kinder wählen sich ihre Rollen selbst aus; am besten wäre es, wenn sie sowohl die Kinder- als auch die Erwachsenenrolle ausprobieren und anschließend nachdenken könnten, wie sie die verschiedenen Rollen erlebt haben.

Bei älteren Kindern (ab etwa 9-10 Jahren) kann man diese Rollenspiele noch vertiefen, indem man sowohl der Kinder- als auch der Erwachsenenrolle je eine Person als Hilfe hinzufügt. Diese Hilfsperson kann z.B. den Vorrat an Argumenten erweitern. Dem Erwachsenen kann sie beispielsweise mit Entschuldigungen und Ausreden aushelfen; oder sie kann auch geradezu das schlechte Gewissen verkörpern und die Argumente hinterfragen und somit den Erwachsenen bloßstellen.

Kinder haben ein feines Gespür für ehrliche bzw. vorgeschobene Argumente. Vor allem aufgrund ihrer Erfahrungen wissen sie sehr schnell, ob die Eltern ihre Zusagen einhalten werden oder ob sie sich letzten Endes – aus welchen Gründen auch immer – wieder nur drücken wollen. Bei diesem Rollenspiel haben sie Gelegenheit, alle ihre Erfahrungen, Enttäuschungen und Bedürfnisse auszusprechen. Werden ihre Aussagen von den anderen Kindern wiederholt und bestätigt, werden sie gestärkt, fassen neuen Mut und gehen beherzter, vielleicht fordernder oder einsichtiger mit entsprechenden zukünftigen Situationen um.

Wer möchte ich sein?

Material: Evtl. Abbildungen/Fotos aus Zeitschriften usw. oder eine Liste mit Personen

Die Kinder suchen sich eine Person aus, die sie gerne sein möchten, und versuchen, ihre Wahl zu begründen. Eventuell kann man den Kindern auch eine Reihe verschiedener Personen/Persönlichkeiten präsentieren, entweder in Form von Abbildungen und Fotos oder mit Hilfe einer Liste (Vater, Mutter, Schwester, Bruder, Oma, Opa, Klassenlehrer/in, Frau . . ., Herr . . . usw.).

Dazu können sie sich nun eine typische Situation überlegen, in der sie in der Rolle dieser Person agieren möchten. Diese spielen sie nach, je nachdem alleine oder in Absprache und mit Hilfe anderer Kinder. Beispiele: In der Rolle des Vaters beschimpft ein Kind seinen Bruder, kommandiert ihn herum und bestraft ihn hart; die große Schwester genießt endlich in der Rolle der kleinen, schwächlichen Schwester die besondere Zuneigung der Eltern, bei denen sie sonst im Alltag viel zu kurz kommt.

Auch Phantasiefiguren (z.B. Helden aus Märchen oder Filmen) sollten zur Wahl gestellt werden, da die Identifizierung mit solchen Figuren Kindern sehr gut bei ihrer Lebensbewältigung helfen kann.

Die Kinder haben bei diesem Spiel die Gelegenheit, ihre Machtwünsche, die ja etwas mit »Erwachsensein« zu tun haben, wahrzunehmen, indem sie sie im Spiel ausleben und anschließend darüber sprechen. So lernen sie, mit tiefsitzenden Bedürfnissen aktiv umzugehen. In der Geschichte später erfahren sie dann, daß diese »Macht« vielleicht sogar ein Hindernis sein kann, um zu Jesus zu kommen.

Berühren erlaubt!

Die Kinder gehen immer zu zweit zusammen. Abwechselnd berühren und betasten sie sich vom Kopf bis zu den Füßen. Sie streicheln, massieren, reiben oder klopfen, mal mit den Fingerspitzen, den Handflächen, den Handballen oder Knöcheln. Dabei sollen sie herausfinden, welche Berührungen sie schön finden und mögen und welche sie nicht mögen, und das auch entsprechend zum Ausdruck bringen, z.B.: »Das ist angenehm.« »Das kribbelt so schön!« Oder: »Das kitzelt.« Bedingung: Sobald ein Kind eine Berührung nicht mag, muß das andere Kind sofort damit aufhören! Einem anderen weh zu tun, ist ebenso nicht erlaubt!

Mit dieser Übung sollen die Kinder für ihren eigenen Körper und dessen unterschiedliche Empfindungen und Reaktionen sensibel werden, und das in einem Schonraum, in dem sie nichts zu befürchten haben (siehe die Bedingungen!). Gleichzeitig sollen sie den Mut finden und üben, ihr Mißfallen auszudrücken, und erfahren, daß dieses Aussprechen zum Erfolg führt. Der Mißbrauch von Kindern »funktioniert« deshalb so gut, weil Kinder damit psychisch unter Druck gesetzt werden, daß sie niemandem davon etwas sagen dürfen. Und sie wagen auch nicht, sich der Person zu widersetzen, die sie mißbraucht. Ihre Schwäche wird bewußt ausgenutzt. Dabei wäre es gerade für solche Kinder wichtig, schon früh Grenzen zu ziehen bei Berührungen, die sie nicht zulassen wollen.

Nach dieser Übung sollen die Kinder darüber sprechen, welche Berührungen sie als besonders angenehm und schön empfunden haben, und überlegen, wann und von wem sie schon solche Berührungen erfahren haben. Eine Berührung, die z.B. alle Kinder mögen, ist das Streicheln über den Kopf, eine Berührung, die Eltern oder andere vertraute Personen häufig anwenden, um ihre Zuneigung in zärtlicher, wertschätzender Weise zum Ausdruck zu bringen, eine Berührung, die auch Jesus angewendet haben dürfte, als er die Kinder segnete.

Wie gut ist es für Kinder zu erfahren, daß Jesus immer für sie da ist und sie schützen will! In der Praxis kann man beobachten, daß Kinder, denen dieses Vertrauen durch die Eltern bereits nahegebracht wurde, in ihrem sozialen Empfinden und Verhalten entschiedener, aufgeschlossener und zugewandter erscheinen.

Unsichtbares Fühlen

Dieses Spiel funktioniert nur, wenn sich die Kinder auch tatsächlich an die vorgegebenen Regeln halten. Mit geschlossenen Augen bewegen sich die Kinder sehr langsam durch den Raum und versuchen dabei, weder andere Kinder noch Gegenstände anzustoßen. Die Kinder erfahren dabei, daß ihr Körper noch über die Hautoberfläche hinaus empfindsam ist und Schwingungen, Energien aufnimmt. Sie werden empfänglich für nicht sichtbare Abläufe, für die sogenannten Schwingungen in zwischenmenschlichen Beziehungen.

In einer ähnlichen, etwas abgewandelten Übung geht es darum, mit dem ganzen Körper die eigenen Grenzen und die eines Partners zu erahnen und zu respektieren. Zwei Kinder stehen sich in einigem Abstand gegenüber. Ein Kind schließt die Augen und geht vorsichtig auf den Partner zu. Die Arme bleiben dabei am Körper. Wer schafft es ganz nah, ohne jedoch den Partner zu berühren?

Ältere Kinder können versuchen wahrzunehmen, ob eine größere oder kleinere Person vor ihnen steht.

Roboter

Die Kinder bilden Paare, ein Kind spielt den Roboter, das andere führt den Roboter durch Körperkontakt. Dazu werden vorher Berührungen und deren Bedeutungen festgelegt, z.B.:
Berührung am Rücken: Geradeaus gehen.
Berührung an der rechten Schulter: Nach rechts gehen.
Berührung an der linken Schulter: Nach links gehen.

Berührung am linken Fuß: Auf dem linken Bein hüpfen.
Berührung am rechten Fuß: Auf dem rechten Bein hüpfen.
Berührung am Kopf: Stehenbleiben.
Nach einer Weile werden die Rollen getauscht. In diesem Spiel geht
es darum, auf Körperreize bewußt zu reagieren und Anweisungen
richtig auszuführen.

Das Spiel hat sehr viel mit den Erfahrungen der Kinder in Beziehung zu den Erwachsenen zu tun. Häufig gestaltet sich das Verhältnis zwischen Eltern und Kind in ähnlicher Weise: Die Eltern geben
Kommandos, und die Kinder führen die Kommandos aus, mit mehr
oder weniger Widerspruch. (In Familien, in denen Eltern keinen
Mut zu konsequenter Erziehung haben oder denen eine solche Erziehung zu anstrengend ist, scheint das Verhältnis allerdings häufig
umgekehrt zu sein!)

Die Kinder können nach diesem Spiel darüber sprechen, welche
Rolle ihnen am besten gefallen hat – die kommandierende oder die
ausführende. Kindern wird die reagierende, ausführende Rolle viel
Spaß machen, andererseits werden sie die kommandierende Rolle
genießen, weil sie endlich einmal alleine das Sagen haben und andere nach ihrer Pfeife tanzen lassen können.

Im Gespräch können sie nach Situationen suchen, in denen andere als machtvoll auftraten, während sie selbst ausgeliefert und
machtlos waren, oder auch umgekehrt. Eventuell können sie solche
Situationen pantomimisch oder auch mit Dialogen nachspielen.
Dabei können sie verschiedene Möglichkeiten zum Ausdruck bringen, wie und in welchen Situationen Menschen Macht ausüben,
und zu einer Bewertung der verschiedenen Möglichkeiten und Situationen gelangen. So gibt es z.B. Situationen, in denen Eltern ihre
Kinder lediglich mit Hilfe eines Kommandos schützen wollen, Situationen, in denen sie sich Ruhe und Erholung verschaffen oder
aber sich »die lästigen Blagen« vom Halse halten wollen. Dabei
können die Kinder auch ihre eigenen Möglichkeiten, Einfluß zu
nehmen, entdecken und einen bewußten Umgang damit lernen.

Situationen mit Spielkameraden, in denen sie sich z.B. auf *ein*
Spielziel festlegen, ihre Interessen vorbringen und aufeinander abstimmen und evtl. auftretende Konflikte bewältigen müssen, sind
den Kindern sicherlich reichlich bekannt und sollten deshalb bearbeitet werden. Die Kinder können sich dabei gut selbst wahrneh-

70

men, indem sie vieles über das Denken, Fühlen und Tun der anderen erfahren und damit auch für sich selbst sozusagen ein Feedback erhalten. Man könnte auch sagen: Es ist, als ob sie in einen Spiegel schauen.

Hoch hinaus

Material: Gegenstände (z.b. Süßigkeiten), Seil zum Aufhängen der Gegenstände, Einrichtungsgegenstände, Kochlöffel und ähnliche verfügbare Hilfsmittel

Die Kinder bilden zwei Mannschaften. An Seilen hängt man immer für zwei Spielgegner je einen Gegenstand möglichst hoch im Raum auf. Auf Kommando versuchen die Spieler mit den vorhandenen Hilfsmitteln, wie Tisch, Stühle, Stöcke, Kochlöffel usw., ihren Gegenstand möglichst schnell »abzuhängen«. (Die erlaubten Hilfsmöglichkeiten werden vorher gemeinsam gesammelt und zur Vermeidung von Verletzungen besprochen.) Wem dies zuerst gelingt, ist Sieger (z.B. wer zuerst sein Bonbon im Mund hat). Die Mannschaft mit den meisten Gewinnern ist Gesamtsieger.

Variation: Die Sieger treten jeweils noch mal gegeneinander an, bis der Schnellste und Geschickteste ermittelt ist.

Kleinsein

Was im vorherigen Spiel ganz praktisch und konkret durchgeführt wurde, spielen die Kinder nun pantomimisch. Sie bewegen sich im Raum (evtl. auch im Kreis), ohne sich dabei anzurempeln und weh zu tun. Nun spielen sie nach den Anweisungen des Bibliodrama-Leiters: Sie stellen sich vor, sie wollen etwas erreichen, das sehr hoch hängt oder liegt. Sie recken und strecken sich, so gut sie können. Es reicht noch nicht. Enttäuscht lassen sie die Arme fallen. Aber dann versuchen sie es wieder. Es klappt immer noch nicht. Vor lauter Anstrengung sinken die Arme müde nach unten. Schließlich schaffen sie es. Der gewünschte Gegenstand ist in ihrer Hand und wird erleichtert ans Herz gedrückt. Alle atmen tief durch.

Schon geht es darum, den nächsten Gegenstand zu erwischen. Diesmal bekommen die »Kleinen« Hilfe, indem sie sich zu zweit zusammentun und versuchen, z.B. durch gegenseitiges Anheben, das Ziel zu erreichen. Das wird mehrmals versucht, bis es schließlich gelingt. Dabei probieren die Kinder verschiedene Möglichkeiten aus. Anschließend sprechen die Kinder über ihre Erfahrungen: Welche Situation war leichter zu bewältigen, die alleine oder die zu zweit? Warum war das so? Was haben die einzelnen dabei erlebt (z.B. der, der anhob, und der, der angehoben wurde)?

An dieser Stelle sollten die Kinder darüber sprechen, warum es für den einzelnen besser ist, wenn er ein Problem nicht alleine lösen muß, sondern sich mit einem Partner oder auch mehreren zusammentut, daß aber trotzdem immer eine gewisse Unsicherheit bestehen bleibt und der eine oder andere Versuch auch »schmerzhaft« ablaufen kann. Für die Kinder ist es wichtig zu sehen, daß man zu zweit »größer« wird und evtl. mehr erreichen kann, daß man dann aber auch füreinander Verantwortung trägt. (So darf derjenige, der den Partner hochhebt, diesen nicht einfach fallen lassen; und der, der hochgehoben wird, darf nicht unkontrolliert zappeln und treten.)

Bewegende Verhältnisse

Die Kinder bewegen sich im Kreis und spielen dabei pantomimisch Erfahrungen und Reaktionen nach, die sie im Zusammenleben mit ihren Eltern gemacht haben, sowohl positive als auch negative. Der Spielleiter gibt einige Beispiele vor, die dann durch die Kinder noch ergänzt werden können, z.B.:

- Das Kind hat sich weh getan und wird von der Mutter / dem Vater getröstet.
- Die Eltern haben eine Entscheidung getroffen oder etwas verboten, und das Kind ist darüber wütend und zornig. Es ballt die Fäuste, stampft mit den Füßen laut und feste auf den Boden, der ganze Körper ist Protest.
- Aus gutem Grunde sind die Eltern ärgerlich über das Kind. Sie haben sehr mit ihm geschimpft. Um ja kein neues Ärgernis hervorzurufen, um die Eltern möglichst nicht mehr auf sich auf-

merksam zu machen (schlechtes Gewissen!), geht das Kind ganz leise auf Zehenspitzen umher, es zieht den Kopf ein, macht sich ganz klein.

- Die Eltern streiten sich. Das Kind weiß nicht warum, verzieht sich aber lieber in eine Ecke, damit es nicht auch noch etwas abbekommt. Außerdem kann es das gar nicht gut ertragen, wenn die Eltern so laut miteinander streiten, es hält sich die Ohren zu.
- Das Kind hat etwas angestellt (z.B. etwas zerbrochen, das es gar nicht anfassen durfte). Nachdem es »gebeichtet« hat, verzeihen ihm die Eltern, alles ist wieder gut.

Die Bewegung im Kreis erleichtert es den Kindern, ihre Gefühle und Empfindungen möglichst echt auszudrücken, sie in glaubwürdige Gesten und Handlungen umzusetzen. Ihre aggressiven Gefühle, ihre Wut müssen sie nicht krampfhaft unterdrücken, sondern dürfen sie in die Bewegung »einfließen« lassen, ohne dabei Sanktionen befürchten zu müssen. Einzige Regel: Sie dürfen keine anderen Kinder berühren oder gar angreifen. Häufig ist es ja so, daß Kinder, denen Aggression und Verletzung ihrer Seele widerfahren sind, ihre Aggressionen gegen andere richten. In diesem Spiel erfahren sie, daß man Aggression herauslassen kann, ohne anderen weh zu tun.

Stehende Gefühle

Material: Leichte Musik zum Bewegen, Abbildungen (siehe Kopiervorlage); evtl. Fotoapparat

Zunächst bewegen sich die Kinder zu leichter Musik im Raum. Sobald die Musik stoppt, bleiben alle stehen und stellen ein vorher vereinbartes Gefühl dar. Mit Hilfe der folgenden Abbildungen, deren Bedeutung vorher besprochen wurde, werden die jeweiligen Gefühle angekündigt.

Anschließend bilden die Kinder Paare und formen abwechselnd wie ein Bildhauer ein Standbild aus dem Partner. Dabei dürfen sie nur die Hände benutzen und nicht sprechen. Sie sollen versuchen, für Kinder und Erwachsene typische Posen zu formen. Nach einer Weile können sich auch zwei Paare zusammentun und versuchen, eine zusammenhängende Pose Erwachsene(r) – Kind zu gestalten, z.B. ein schimpfender Erwachsener und ein weinendes Kind mit gesenktem Kopf, oder ein trauriges Kind mit einem tröstenden oder einem sich verabschiedenden Erwachsenen.

Die Kinder lernen dabei, sich in eine andere Person einzufühlen, sensibel zu werden für den Zusammenhang von Körperhaltung und Gefühl und behutsam und sehr aufmerksam miteinander umzugehen. Die einzelnen Standbilder können auch fotografiert und später noch einmal analysiert und besprochen werden.

In diesem Spiel haben die Kinder die Möglichkeit, ihre vielfältigen Erfahrungen aus ihren Beziehungen zu Erwachsenen wachzurufen, nachzuerleben und aufzuarbeiten.

Kinder sind wie Blumen, die blühen.
(Afrikanisches Sprichwort)

Material: Kataloge, Zeitschriften, alte Kalender, wenn möglich Fotos, auf denen die Kinder selbst zu sehen sind, Scheren, Klebstoff, Fotokarton; evtl. Blumenbilder und Bilder von Blumengärten

Aus Katalogen, Zeitschriften, Kalendern usw. schneiden die Kinder möglichst viele verschiedene Kinderbilder aus, auch Bilder, auf denen Erwachsene und Kinder gemeinsam zu sehen sind. Diese Bilder werden nach Themen geordnet; größere Kinder versuchen es selbst, bei kleineren Kindern übernimmt das der Leiter. Mögliche Themen sind:
- Kinderkleidung
- Spielende Kinder
- Babys
- Feiernde Kinder
- Kinder in der Familie
- Kranke Kinder
- Einsame Kinder
- Behinderte Kinder
- Kinder aus aller Welt (z.B. auch hungernde Kinder, Kinder aus Kriegsgebieten, Straßenkinder aus Brasilien usw.)

Der Gruppenleiter sollte für eine sinnvolle Ergänzung der Bilder sorgen, so daß ein vielfältiges Angebot an Themen entsteht. Alle Bilder werden dann nach Themen geordnet auf Plakate geklebt, mit den Themen beschriftet und – nur bei älteren Kindern – unter der Gesamtüberschrift »Kinder sind wie Blumen, die blühen« aufgeklebt. Anschließend sprechen die Kinder über die Bilder, wenn möglich im Zusammenhang mit der Gesamtüberschrift. Zum Vergleich und um den Kontrast im einen oder anderen Fall zu verstärken, kann man die Kinderbilder durch geeignete Blumenbilder und Bilder z.B. von einem in Blüte stehenden Blumengarten ergänzen.

Anhand von Tätigkeiten, Körperhaltung und Mimik werden die Situationen der einzelnen Kinder bewertet. So zeigen z.B. spielende Kinder das typische Spielgesicht, das sog. »Mund-offen-Gesicht«; einsame, verletzte Kinder blicken traurig mit gesenktem Kopf usw. Auf diese Weise sollen die Kinder zu einer Bewertung der Situation von Kindern im allgemeinen und ihrer Situation im speziellen gelangen und die Vor- und Nachteile ihres Kindseins herausarbeiten. Sie sollen erfahren, daß sie wichtig und wertvoll sind, jetzt und für die Zukunft, und daß sie des besonderen Schutzes und der Hilfe bedürfen (z.B. in bezug auf Ernährung, Wohnung, Ausbildung, Gefahren usw.), daß aber viele Kinder dieser Erde aufgrund gesellschaftlicher Verhältnisse und Strukturen diesen Schutz nicht erfahren.

4. Präsentation des Textes

Nun wird den Kindern die Geschichte ausführlich erzählt. Auch wenn der Bibeltext selbst sehr kurz ist, kann die Geschichte doch so lebendig vorgetragen werden, daß die Kinder gedanklich gut in sie einsteigen können. Sie werden bereits in die Erzählung einbezogen, indem sie z.B. überlegen, warum die Eltern ihre Kinder unbedingt zu Jesus bringen und sie segnen lassen wollen. Vor dem Hintergrund der bisherigen Spiele, Aufgaben und Gespräche können die Kinder bereits die Bedeutung des Segens verstehen. Vielleicht wird auch in ihnen selbst ein Verlangen nach diesem Segen geweckt, und indem sie im Gebet um diesen Segen bitten, erfahren sie auch gleich die konkrete, praktische Anwendung dieser Geschichte für sich selbst.

Die Umkehrung des üblichen Verhältnisses Kind – Erwachsener, die plötzlich erlangte Vorbildfunktion der Kinder, wird die kleinen Zuhörer überraschen und mutig machen und in ihrem Wertgefühl bestärken.

5. Spielen der Geschichte

Aus der Geschichte werden nun einzelne Situationen herausgegriffen, die die Kinder nachspielen. Wird der aktuelle Bezug zur gesellschaftlichen Situation von Kindern gleich mit einbezogen, werden die Dialoge konkreter.

5.1 Zu Jesus kommen

Die Kinder spielen, wie Eltern ihre Kinder zu Jesus bringen und dort aus den verschiedensten Gründen den Segen und den Schutz Jesu erbitten:
- Mein Kind ist noch so klein und schwach.
- Mein Kind ist krank.
- Meinem Kind fällt es schwer zu gehorchen.
- Mein Kind will immer nicht seine (Haus-)Aufgaben erledigen.
- Mein Kind kann nicht . . .

Indem die Kinder über ihre eigenen Unzulänglichkeiten und Schwierigkeiten und die der anderen nachdenken, finden sie schnell zahlreiche Gründe, warum Kinder den Segen Jesu brauchen.

5.2 Abgewiesen

Die Kinder wiederholen die Szene aus 5.1, nur daß nun die Jünger hinzukommen und die Eltern abweisen. Dabei sollen sie zum Ausdruck bringen, daß die Kinder ja viel zu klein, zu schwach und zu dumm sind, um zu Jesus zu kommen. Z.B. können sie auf die Bitten der Eltern erwidern: »Geh mit deinem Kind nach Hause und bring ihm erst mal bei, daß es gehorchen muß! Wenn dein Kind das gelernt hat, dann kannst du vielleicht wiederkommen!«

Mit Hilfe von Gestik und Mimik sollen die Kinder die Rollen der Eltern, der Kinder und der Jünger möglichst deutlich herausarbeiten. So halten die Eltern ihre Kinder z.B. im Arm, und die Kinder ducken sich ganz klein und unscheinbar hinein, während die Jünger ihnen aufrecht entgegentreten und sie mit ausgestreckten Armen und gespreizten Händen abwehren und zurückzudrängen versuchen. Einzelaspekte können isoliert erprobt werden: Wie sehe ich z.B. aus, wenn ich zurückgewiesen, zurückgesetzt werde? Ein größerer Spiegel ermöglicht es den Kindern, sich selbst dabei zu beobachten. Je nach Alter und Spielfähigkeit der Kinder muß der Leiter entsprechende Anregungen geben, damit die Kinder zielgerichtet spielen können.

Hinweis für jüngere Kinder (bis 7 Jahre): Die Erarbeitung der Einzelaspekte sollte nicht zu intensiv betrieben werden, da jüngere Kinder die Geschichte ohnehin mehr als Ganzes sehen und es ihnen noch schwerfällt, einzelne Situationen so isoliert und differenziert zu betrachten und zu üben, zumal der sprachliche Anteil bei ihnen noch relativ gering ist. Die Aufmerksamkeit und Freude am Spiel läßt dann sehr schnell nach, was sich nachteilig auf den »Ertrag« der Arbeit auswirkt. Wesentlich ist, daß die Spielfreude der Kinder erhalten bleibt, denn dann sind die letzten bleibenden Eindrücke in jedem Fall positiv.

5.3 Keine Rechte

An dieser Stelle suchen die Kinder nach Situationen, in denen in heutiger Zeit Kinder abgewiesen und zurückgedrängt werden.

Die Kinder spielen diese Situationen, beziehen dabei aber auch schon Möglichkeiten ein, wie sich Kinder behaupten können, um zu ihrem Recht zu kommen. Kinder, die hierzu über einschneidende Erlebnisse verfügen (z.B. Scheidungskinder), werden dabei eventuell sehr stark reagieren und »übers Ziel hinausschießen«. Solche

Kinder brauchen ein Ventil, und man sollte sie deshalb nicht mit »erhobenem Zeigefinger« ermahnen, sondern mit ihnen – alleine oder in der Gruppe – in Ruhe darüber sprechen. Auf diese Weise fühlen sie sich angenommen, mit ihrer berechtigten und ohnmächtigen Wut ernstgenommen und nicht mehr so allein.

5.4 Empörung

Die Kinder stellen sich nun vor, die Jünger hätten die Eltern mit ihren Kindern tatsächlich nach Hause geschickt und nicht zu Jesus gelassen. Auf dem Heimweg und zu Hause erzählen sie empört, was geschehen ist.

5.5 Laßt die Kinder zu mir kommen!

Die Kinder versuchen jetzt, zunächst pantomimisch, darzustellen, wie Jesus die Kinder zu sich gebeten, sie gestreichelt, ihnen die Hände aufgelegt und sie gesegnet hat. Anschließend überlegen sie, was Jesus gesagt haben könnte, und binden es in ihr Spiel mit ein.

5.6 Alles Ansichtssache!

Bei dieser letzten Übung sollen die Kinder versuchen, sich in die verschiedenen an der Geschichte beteiligten Personen hineinzuversetzen und aus ihrer Sicht zu denken und zu sprechen. Dazu sollen sie sich eine Rolle, die sie in besonderer Weise interessiert, aussuchen:
  - Zwei Kinder unterhalten sich über die Erwachsenen: über die Eltern, die Jünger und Jesus.
  - Zwei Jünger unterhalten sich über die Eltern mit ihren Kindern und über Jesus.
  - Zwei Eltern unterhalten sich über die Jünger und über Jesus.

5.7 »Dramatisierung«

Für die abschließende Gesamtinszenierung der Geschichte legen die Kinder die Rollen selbst fest: Jesus, einige Jünger, Eltern mit ihren Kindern. Sie können die Geschichte mehrmals spielen, evtl. auch mit wechselnden Rollen, und dabei die vorher erprobte Gestik und Mimik sowie die Dialoge einbeziehen. Requisiten werden keine benötigt.

6. Aktueller Bezug

Kinder brauchen Schutz. Leider gelingt es nicht immer, sie ausreichend zu schützen. Negative Einflüsse und Gefahren für Leib und Seele lassen sich nun mal nicht hundertprozentig von einem Kind fernhalten. Deshalb ist es wichtig, daß Kinder Gefahren und negative Einflüsse erkennen können und lernen, damit aktiv umzugehen.

Anhand praktischer Beispiele können sie sich damit beschäftigen, wie andere Menschen und Organisationen Kinder schützen und wie sie sich selbst schützen können.

6.1 Kinderschutz-Organisationen

Organisationen wie der Kinderschutzbund und Unicef setzen sich für Kinder ein, die aufgrund ihrer sozialen Umgebung nicht ausreichend geschützt sind. Auch SOS-Kinderdörfer bieten heimat- und hilflosen Kindern Schutz. Von solchen Organisationen kann man Informationsmaterial anfordern und es den Kindern vorstellen.

6.2 Straßenverkehr

Kinder sind im Straßenverkehr aufgrund ihres altersbedingt eingeschränkten Wahrnehmungsvermögens und ihrer geringen Körpergröße am meisten gefährdet.

Schülerlotsen

Der zunehmende und schnelle Straßenverkehr verdrängt sie immer mehr aus ihren Lebensräumen und schränkt sie in ihrem natürlichen Bewegungsdrang ein.

Die Kinder sollen nun Straßenschilder entwerfen, die auf ihr Problem aufmerksam machen, und Verkehrsteilnehmer zu rücksichtsvollem Verhalten auffordern. Bei jüngeren Kindern werden vorwiegend sehr gegenständliche Bilder entstehen. Je älter die Kinder sind, desto symbolischer und abstrakter werden die Schilder werden.

Bereits vorhandene Verkehrsschilder können ebenfalls einbezogen, beschrieben und in ihrer Bedeutung geklärt werden:

Für sehr junge Kinder oder solche, denen überhaupt nichts Eigenes einfällt, können die Schilder auch zum Ausmalen kopiert werden. Eine farblich richtige Vorlage sollte dann allerdings vorhanden sein (evtl. selber eine Vorlage ausmalen)!

Ältere Kinder können sogar, sollte in ihrem Wohnort ein dringendes Verkehrsproblem vorliegen, das sie in Gefahr bringt, ein Schreiben an die verantwortlichen Stellen der Stadt richten, in dem sie die besondere Gefahrensituation hervorheben und evtl. sogar mögliche Verbesserungsvorschläge einbringen.

6.3 Kinderzeitung

In einer eigenen, selbst zusammengestellten Kinderzeitung können die Kinder mit Hilfe von Bildern und/oder Texten ihre persönliche Situation oder die anderer Kinder aus ihrem Umfeld oder anderen Teilen der Welt darstellen. Dabei können sie zum einen auf die Schutzbedürftigkeit verweisen, zum anderen auf ihre besonderen Fähigkeiten, ihre Vorlieben, Bedürfnisse usw. Auch Möglichkeiten, wie sie selbst bereits andere schützen und ihnen helfen können, sollten überlegt und dargestellt werden. Alle Beiträge werden am besten mit einem schwarzen Stift geschrieben und gemalt. Anschließend werden alle gesammelt und zu einer Zeitung zusammengestellt, die dann für alle Kinder fotokopiert wird.

Mit etwas älteren Kindern könnte man auch einen Videofilm herstellen, für den entsprechende Situationen aufgesucht, aufgenommen und kommentiert werden. Bei einem Elternabend könnte dann dieser Film auch den Eltern vorgeführt werden.

6.4 Kinderparlament

Ältere und bereits sprach- und redegewandtere Kinder können ein Kinderparlament durchführen. Dazu werden Sprecher gewählt, die das Parlament leiten. Alle Beteiligten stellen einen schriftlichen Antrag, in dem sie zu einer ihnen am Herzen liegenden Situation Veränderungsvorschläge machen und diese im »Parlament« zur Diskussion stellen. Aus all diesen Anliegen können sich u.U. sogar echte Anträge ergeben, die die Kinder an die Verantwortlichen ihrer Stadt weiterleiten sollten.

6.5 Kinderfest

Es gibt keine bessere Gelegenheit, sich mit Kindern zu freuen und ihnen zu zeigen, daß man sie mit ihren Bedürfnissen ernst nimmt, als mit ihnen ein Fest zu feiern. Dieses Fest kann natürlich ausschließlich für diese Kinder veranstaltet werden. Besonders schön und der Beziehung zwischen Erwachsenen und Kindern dienlich wäre es aber, wenn auch die Eltern der Kinder dazu eingeladen und alle *gemeinsam* spielen, singen, tanzen und essen würden. Gemäß den Voraussetzungen aller Beteiligten werden die Aufgaben verteilt. So sorgen z.B. die Eltern für das leibliche Wohl, während die Kinder eine kleine Vorführung oder ein kleines gebasteltes Geschenk vorbereiten und den Raum schön dekorieren. Spiele, bei denen die sonst üblichen Rollenverteilungen zwischen Erwachsenem und Kind einmal aufgelöst bzw. umgekehrt werden, eignen sich besonders gut für eine Annäherung der unterschiedlichen Positionen.

7. Schluß: Unter Gottes Schirm

In Psalm 91 geht es um den Schutz, den Gott dem Gerechten gewährt. Gerecht ist, wer mit leeren Händen zu ihm kommt und alles von ihm erwartet, wie die Kinder in der Geschichte, die nichts vorzuweisen hatten. Für den Schutz Gottes wird hier das Bild eines Schirmes verwendet.

Zur Vertiefung der Bedeutung von Jesu Segen lernen die Kinder zunächst Vers 1 und 2 auswendig. Dazu stellt man aus den Illustrationen vergrößerte Kopien her, die man mit dem Text der Bibelverse kombiniert. Nach und nach läßt man den Text verschwinden, so daß die Kinder die Verse nur noch anhand der Bilder aufsagen.

Wer unter dem Schirm des Höchsten sitzt

und unter dem Schatten des Allmächtigen bleibt,

der spricht zu dem Herrn:
   Meine Zuversicht und meine Burg,
   mein Gott, auf den ich hoffe.

Psalm 91, Vers 1 und 2

Der »Schirm des Höchsten«

Material: Tonpapier oder Regenbogenpapier, Kreisschablone, Scheren, Klebstoff, Zahnstocher, Pfeifenputzer, dünner Faden

Anschließend basteln die Kinder einen Schirm. Dazu schneiden sie aus Ton- oder Regenbogenpapier (oder aus weißem Papier, das sie bunt anmalen) einen Kreis (Ø 13 cm) aus, falten ihn (siehe Abbildung), schneiden ihn bis zur Mitte ein und kleben die beiden Endstücke übereinander. Die Faltlinien werden nun alle nach außen geknickt. In die Vertiefungen kleben die Kinder von innen je einen Zahnstocher, so daß die Spitzen etwas überstehen. Durch den Mittelpunkt des Schirmes stecken sie einen Pfeifenputzer. Das untere Ende biegen sie zu einem Griff, und an der Spitze befestigen sie einen Faden zum Aufhängen des Schirmes.

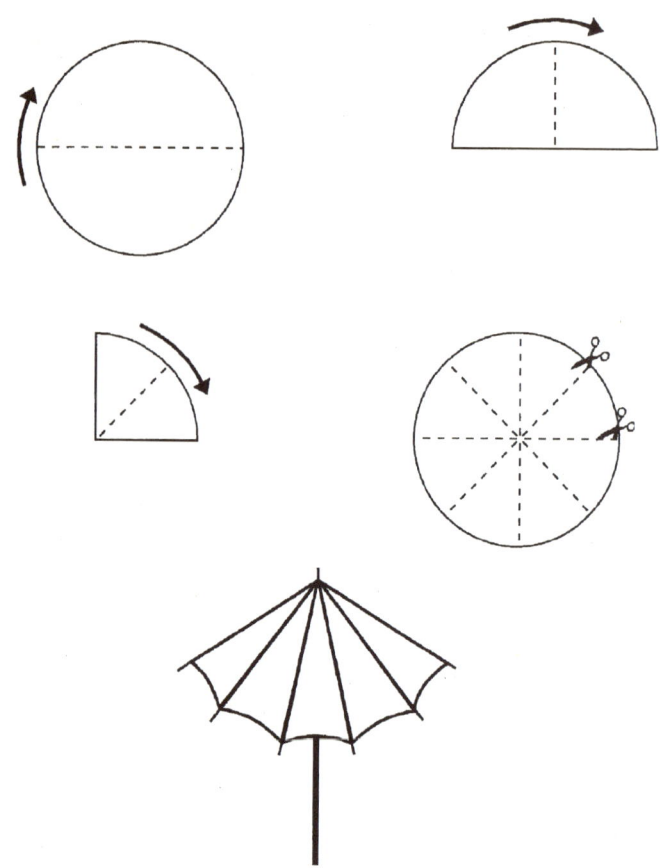

8. Lieder

Gott ist so gut

Ja, Jesus liebt mich

Ein kleiner Spatz zur Erde fällt

Ja, Gott hat alle Kinder lieb

Seht mal meinen Regenschirm

Die Stillung des Sturmes
(Markus 4,35-41)

1. Zum Text

Der Inhalt der Geschichte läßt sich zunächst einfach wiedergeben:
Jesus und seine Jünger steigen in ein Boot, um ans andere Ufer des
Sees Genezareth zu fahren. Wahrscheinlich hat Jesus einen langen
Tag hinter sich, an dem er zu den Menschen gepredigt hat. Er-
schöpft sucht er die Ruhe und Abgeschiedenheit, zusammen mit
den ihm vertrauten Menschen. Er legt sich schlafen und überläßt
den Jüngern das Ruder, im Vertrauen darauf, daß sie das Boot sicher ans Ziel bringen werden.

Unterwegs kommt ein heftiger Sturm auf. Die Jünger geraten in
Angst und Panik; sie sehen nur noch die Wellen, die das Boot zu
verschlingen drohen, und verlieren all ihre Sicherheit und ihren
Mut. Verzweifelt und fast vorwurfsvoll wecken sie Jesus und rufen
ihn um Hilfe. Verwundert über ihren mangelnden Glauben gebietet
er dem Sturm zu »verstummen«. Angesichts dieses Wunders und
Machtbeweises Jesu fürchten sich die Jünger und erstarren in ver-
ständnislosem Staunen.

In diesem Geschehen verbirgt sich eine Symbolik, die den Menschen in seinem innersten Denken und Fühlen anspricht und ihm
grundlegende Wahrheiten des Glaubens an Gott nahebringt.

1.1 Der See Genezareth

Jesus und seine Jünger müssen an die entgegengesetzte Seite des
Sees fahren, um der Menge der Menschen zu entkommen und Ruhe zu finden. Vielleicht will Jesus auch die Gemeinschaft mit seinen
Jüngern pflegen und sie in besonderer Weise lehren (Markus
4,34b). Das heißt, sie müssen einen bestimmten Weg (den Weg

über den See) auf sich nehmen, um einen erwünschten und sicherlich auch notwendigen Zustand (die Ruhe) zu erreichen. Ohne diesen Weg gibt es kein Erreichen des Zieles.

Dieses Bild hat auch im übertragenen Sinn eine Bedeutung: Ein Mensch, der sich mit Jesus auf den Weg macht und ihm nachfolgt, wird nicht automatisch von einer Sekunde zur nächsten ein völlig neuer Mensch mit hundertprozentig richtigen Verhaltensweisen, sondern er wird an sich arbeiten und sich schrittweise dem Ziel nähern. Vielleicht erreicht er ein Teilziel (z.B. nicht mehr zu lügen) schon sehr bald, muß sich aber für ein anderes Teilziel (z.B. geduldig und rücksichtsvoll zu sein) immer wieder neu auf den Weg machen, weil er unterwegs Schiffbruch erlitten hat. Stille und Besinnung abseits vom lauten menschlichen Treiben sind notwendige Haltepunkte auf dem Weg der Neuorientierung und Voraussetzung für ein tiefes Erleben der Nähe Gottes.

1.2 Das Wasser

Neben der lebensspendenden Bedeutung wird das Wasser in der Bibel auch häufig als unheilbringendes Element beschrieben, das für die Menschen Gefahr und große Not mit sich bringt (siehe z.B. Psalm 32,6 und Psalm 93,3-4). Im übertragenen Sinne wird es als »Bild der Israel und Gott widerstrebenden, aber doch auch von Gott besiegten Mächte, die schließlich in das Lob Gottes einstimmen« (Offenbarung 19,6)[1] verwendet. Das Wasser versinnbildlicht »Unglück, Verfolgung, feindlichen Einfall und Eroberung« (Psalm 69,2; 88,17f; 124,4f; Jesaja 8,7f). Ihm »verwandt ist das Bild des brausenden Meers für das Toben der Völkerwelt« (Psalm 65,8).[2]

Der Weg, den Jesus mit seinen Jüngern überwinden muß, birgt also schon in sich die mögliche Gefahr des Widerstandes, des Angriffs und des Kampfes.

Die Gefahren und Bedrohungen, die das Wasser beständig in sich birgt, erreichen den Menschen wellenartig und drohen ihn – wie in der Geschichte von der Stillung des Sturmes – gar zu verschlingen. Während die eine Gefahr wieder vergeht und sich zurückzieht, baut sich die nächste bereits auf. In der Physik spricht man auch von den Wellenbergen und Wellentälern. Es geht also auf und ab – ein Bild oder auch Prinzip, daß jeder Mensch mehr oder weniger deutlich in seinem Leben erfährt und aushalten muß.

1.3 Das Schiff

Das Schiff wird in der Bibel u.a. symbolisch als Erklärungs- und Anschauungshilfe in Fragen des praktischen Glaubenslebens verwendet (Jakobus 3,4). Im übrigen wird einerseits der Nutzen des Schiffes für die Kaufleute hervorgehoben (der Nutzen für die Fischer ist unbestritten), andererseits aber werden die Gefahren, die mit der Schiffahrt verbunden sind, herausgestrichen und als Bild für das Leben der Gottlosen (Weisheit Salomos 5,10) dargestellt, aus der Gott in seiner Güte und Macht rettet (Psalm 107,23-32).

Mit der Schiffahrt eröffneten sich den Menschen ungeahnte Weiten und Welten. Mit ihr »begann die große, noch heute nicht abreißende Serie der Grenzüberschreitungen. Doch der Preis hierfür war der Einsatz des eigenen Lebens, das wagemutige Spiel mit dem Tode . . . Aber das Schiff ist auch ein Gefährt des Göttlichen«[3], Gott selbst »fährt in unser Leben ein« – ein Bild, das die Grundlage für das Lied »Es kommt ein Schiff, geladen . . .« bildet.

Mit Jesus ins Boot einzusteigen, heißt: Mit ihm gemeinsame Sache zu machen, sich mit ihm einzulassen, komme, was wolle. Wenn ich als Christ lebe, muß ich mit Angriffen aus meiner Umgebung rechnen und mich mit Anfeindungen auseinandersetzen. Ich muß mich aber auch mit meinem Ego herumschlagen. Denn wirklich nachfolgen kann nur der, der sich selbst, sein Ego hintanstellt und sich von Jesus verändern läßt (Markus 8,34-38). Das Schiff und seine Besatzung werden ihrer Bestimmung aber nur gerecht, wenn das Schiff auch tatsächlich ablegt, in sein »Element«, das Wasser, eintaucht und sich auf das Ziel hin fortbewegt, ungeachtet der Gefahren und Unwägbarkeiten, die da auftauchen können.

Häufig wird auch die Gemeinde Jesu mit einem Schiff verglichen. Auch die Gemeinde ist Stürmen ausgesetzt. Das war bei den ersten Gemeinden so, das war und ist durch die Jahrhunderte bis heute so. Doch Jesus als Herr der Welt kann den einzelnen und die Gemeinde vor dem Kentern bewahren, wenn man ihn um Hilfe bittet, so wie es die Jünger taten.

1.4 Jesus schläft

Jesus schläft auf einem Kissen, er hat es sich bequem gemacht. Alles ist gut, solange das Boot und seine Mannschaft wie gewohnt dahinfahren. Erst als der Sturm losbricht und die Jünger das Boot nicht mehr lenken können, wecken sie Jesus und rufen ihn um Hilfe: »Meister, fragst du nichts danach, daß wir umkommen?«

Wie wenig fragen viele Menschen nach Jesus, so lange ihr Leben ruhig und in seinen gewohnten Bahnen abläuft! Wozu brauche ich Jesus, wenn ich doch alles alleine schaffen und meistern kann! Erst wenn ein »Sturm« droht, rufe ich Jesus um Hilfe. Nicht selten werden ihm dann Vorwürfe gemacht: »Wo bist du, wo ist dein Eingreifen? Wie kannst du mich so im Stich lassen? Kümmert es dich nicht, wie es uns geht?« Wir glauben, Jesus schläft und bekommt nichts von dem mit, was uns bedrängt. Doch weit gefehlt! Jesus traut jedem Menschen zu, daß er sein »Lebensboot« schon richtig lenkt und den Anforderungen gerecht wird. Aber manchmal verliert man vor lauter Wind und Wellen den Mut, weil man nicht mit der Hilfe und Macht Jesu gerechnet hat. Und manchmal hat man sich auch zu sehr auf sich selbst verlassen und erfährt dann, daß man doch nicht jeder Situation alleine gewachsen ist. Wie gut, daß wir Jesus »wecken« können, daß er uns und den Sturm beruhigen kann! Die »Notrufnummer« aus Psalm 50,15 funktioniert garantiert immer:

»Rufe mich an in der Not, so will ich dich erretten,
und du sollst mich preisen.«

Jesus verurteilt seine Jünger nicht wegen ihres Kleinglaubens und ihrer Angst. Er ist einfach für sie da und greift ohne Zögern ein.

2. Ziele

Die Kinder sollen

- den Inhalt der Geschichte kennenlernen;
- sich in die Situation und die Personen hineinversetzen und einfühlen;

- die einzelnen Handlungsschritte detailliert wahrnehmen und nachvollziehen, sprachlich/spielerisch wiedergeben und gestalten;
- die Gefühle und Reaktionen der Jünger (die Angst um ihr Leben und das Staunen über Jesu Größe und Macht) sowohl physisch als auch psychisch »am eigenen Leib« erfahren und nacherleben;
- parallele Situationen in ihrem eigenen Leben entdecken und bewerten;
- sensibel werden für Gefühle der Angst und sowohl hemmende als auch befreiende Reaktionen wahrnehmen;
- eine praktische Anwendungsmöglichkeit für persönliche »Sturmzeiten« kennenlernen: »Notrufnummer« Psalm 50,15.

3. Einstimmung und Vorbereitung

Bevor die Kinder in die eigentliche Geschichte einsteigen, sollen ihnen zunächst einige Übungen, Aufgaben und Spiele dabei helfen, sich geistig und gefühlsmäßig auf die Situation einzustellen. Diese Vorübungen sind aber gleichzeitig auch schon ein Training für das spätere Spielen und Darstellen der Geschichte.

Phantasiereise

Die Kinder legen den Kopf in ihre Arme auf den Tisch. Niemand darf sprechen, Geräusche machen oder hochsehen. Alle sind ganz konzentriert bei der Situation, die ihnen der Bibliodrama-Leiter jetzt langsam, ausführlich und mit einer ruhigen Stimme beschreibt:
Die Kinder stellen sich vor, es ist schönes, warmes Wetter. Sie befinden sich an einem See. Sie steigen in ein Boot und legen ab. Entspannt genießen sie das ruhige, sanfte Schaukeln des Bootes auf dem Wasser. Als sie mitten auf dem See sind, zieht plötzlich ein Unwetter herauf. Es beginnt zu stürmen. Der Himmel wird schwarz, es regnet, blitzt und donnert. Das Boot schaukelt wild auf und ab. Alle

halten sich fest, damit niemand aus dem Boot fällt. Das Wasser schlägt bereits so hoch, daß es bis ins Boot hineinschwappt. Plötzlich kommt eine riesige Welle. Alle halten die Luft an, damit sie kein Wasser schlucken. Schließlich ebbt der Sturm wieder ab, der Wind läßt nach, das Wasser beruhigt sich, und das Boot kommt heil zum Ufer zurück.

Hinweis: Soll sich an die Phantasiereise die folgende bildnerische Gestaltung der Geschichte anschließen, wird an dieser Stelle noch nicht über die Vorstellungen, Erlebnisse, die inneren Bilder der Kinder beim Erzählen der Geschichte gesprochen, damit sie möglichst unverfälscht in die Bilder der Kinder eingehen können. Anhand der Bilder werden dann die Gefühle und Vorstellungen beschrieben.

Bildnerische Gestaltung

Material: Zeichenpapier, Wasserfarben, Pinsel, Wassergläser, Wasser

In einem Bild halten die Kinder nun das Wesentliche dessen, was sich vor ihrem inneren Auge abgespielt hat, fest.

Normalerweise werden die Kinder aufgrund ihres ganzheitlichen Empfindens und ihres noch unzureichenden künstlerischen Vermögens sich selbst ins Boot hineinmalen, gleichzeitig aber auch so, als ob sie sich sozusagen als objektiver Beobachter außerhalb des Geschehens befinden, obwohl sie sich vorher bei der Phantasiereise vorgestellt haben, daß sie selbst im Boot sitzen.

Die fertigen Bilder werden aufgehängt und besprochen, wobei jedes Kind auf seine Wahrnehmungen und Empfindungen (die sich z.B. in der Farbwahl ausdrücken) Bezug nehmen soll.

Fester Standpunkt

Bei den folgenden Spielen geht es darum, die Füße und den sicheren Stand zu stärken, indem Empfindungen in den Füßen und im ganzen Körper herbeigeführt und bewußt wahrgenommen werden. Nach jedem Spiel werden die Empfindungen besprochen.

A. Die Kinder bewegen sich frei und ganz beliebig im Raum, dürfen dabei aber den Boden weder mit den Händen noch mit den Füßen berühren.

Bei diesem Spiel nehmen die Kinder die Füße als tragende Teile des Körpers wahr, die nur sehr bedingt durch andere Körperteile ersetzt werden können. Die verschiedenen Möglichkeiten der Fortbewegung, die die Kinder dabei entdecken, empfinden sie außerdem als sehr anstrengend und ermüdend.

B. Die Kinder erkunden mit ihren Händen ihre nackten Füße: Fußsohlen, Knöchel, Zehen, Haut, Adern usw. Welche Berührungen empfinden sie als angenehm, welche als unangenehm?

Unangenehme Berührungen wie z.B. Kitzeln unter den Fußsohlen veranlaßt zum Wegziehen der Füße; die Füße wollen unangenehmen Berührungen nicht »standhalten«.

C. Die Kinder liegen auf dem Rücken. Ein Fuß erkundet den anderen.

D. *Material:* Evtl. Decken/Bettücher

Die Kinder bilden Paare und erkunden ihre Füße gegenseitig. Daraus läßt sich auch ein kleines Wettspiel machen: Jeweils ein Partner von jedem Paar wird einer Mannschaft zugeteilt. Eine Mannschaft verläßt den Raum, während die Kinder der anderen Mannschaft sich nebeneinander auf den Boden legen und so mit Decken und Tüchern zugedeckt werden, daß nur noch die Füße zu sehen sind. Nun muß jedes Kind aus der einen Mannschaft die Füße seines Partners wiederfinden. Anschließend werden die Rollen getauscht. Die Mannschaft, die insgesamt die meisten Kinder richtig erkannt hat, gewinnt.

E. Die Kinder bilden Paare und schreiben mit einem Finger Zahlen, Buchstaben oder Wörter auf die Fußsohle des Partners, der das »Geschriebene« erraten muß.

F. *Material:* Je Kind ein Tennisball

Die Kinder stehen aufrecht, unter einem Fuß einen Tennisball. Nun beginnen sie, den Tennisball mit der ganzen Fußsohle in den

Boden zu drücken, wobei sie abwechselnd die Zehen, die Fußballen, die Fußhöhlung und die Ferse benutzen. Anschließend stellen sie sich wieder aufrecht hin, diesmal ohne den Tennisball, schließen die Augen und vergleichen ihre Empfindungen in beiden Füßen und ihren beiden Körperhälften. Danach wird das gleiche mit dem anderen Fuß wiederholt.

G. Die Kinder stehen in leichter Grätschstellung, die Fußsohlen von der Ferse bis zu den Zehenspitzen an den Boden gepreßt, d.h. sie sind mit dem Boden fest »verwurzelt«. Jetzt beginnen die Kinder ihren Körper in immer größer werdenden Bewegungen seitwärts nach links und nach rechts und vor- und rückwärts zu wiegen, aber immer nur so weit, daß sich Fersen und Zehen nicht vom Boden lösen.

H. *Material:* Verschiedene Materialien wie verschiedene Decken, Teppichboden, Leder, Papier, Sandpapier, Holz, Wellpappe, Plastiktüte, Laub, Gras, Götterspeise usw.

Die Kinder bilden Paare. Aus den verschiedenen Materialien legt man einen Parcours, über den die Kinder nun mit geschlossenen Augen und nackten Füßen von ihrem Partner geführt werden. Dabei sollen sie die einzelnen Materialien erkennen und sich – als zusätzliche Erschwernis – die Reihenfolge merken und anschließend möglichst viel davon richtig wiedergeben können. Danach werden die Rollen getauscht und eine neue Reihenfolge der Materialien hergestellt.

I. *Material:* Bauklötze

Bei diesem Wettspiel kann jeder testen, wie geschickt er mit seinen Füßen ist, denn auch Geschicklichkeit ist eine hilfreiche Fähigkeit, wenn es darum geht, nicht aus dem Gleichgewicht zu geraten.

Die Kinder bauen – alleine oder zu zweit – nur mit Hilfe ihrer Füße aus einer festgelegten Zahl Bauklötze einen Turm. Wer schafft dies am schnellsten?

Fester Halt

Bei hohem Wellengang, wenn alles über einem zusammenzuschlagen droht, heißt es, sich mit allen verfügbaren Kräften festzuhalten und den Halt nicht loszulassen! Das bedeutet eine große Anstrengung, bei der unsere Muskeln, Sehnen und Nerven bis aufs äußerste angespannt sind. Ist die Gefahr dann vorüber, entspannt sich mit der Situation auch der Körper.

Dies sollen die Kinder in der folgenden Übung bewußt nachempfinden: Nach der manchmal unausweichlichen Anspannung folgt auch wieder die Entspannung, die Erholung, die Ruhe. Und: Entspannung gibt es nur, wenn vorher eine Anspannung da war.

Die Kinder suchen sich einen festen Halt, an dem sie sich ganz fest festhalten und dabei gleichzeitig weit nach hinten lehnen können (z.B. eine Fensterbank). Dabei halten sie angestrengt die Luft an. Die Füße stehen fest auf dem Boden. Danach entspannen sich wieder alle, atmen kräftig und erleichtert aus und lockern ihre Gliedmaßen. Diese Übung wird mehrmals hintereinander durchgeführt.

Anschließend bilden die Kinder Paare: Ein Kind hält den Partner an den Händen, der sich – wie vorher an der Fensterbank – weit nach hinten zurücklehnt, im Vertrauen darauf, daß das andere Kind ganz fest steht und Halt gibt. Diese Übung kann mehrmals abwechselnd durchgeführt werden.

Widerstand

In einer schwierigen Situation versuchen wir, uns gegen die Schwierigkeiten zu wehren, sie abzuwehren. In der Geschichte von der Stillung des Sturmes bringen die heraufziehenden dunklen und schweren Wolken den Sturm, das Gewitter, den Wind und den Regen mit sich. Die Jünger wußten sicher, was es bedeutet, bei Sturm auf dem See zu sein, und haben bestimmt die notwendigen und möglichen Vorkehrungen getroffen. Aber wenn sie die Wahl gehabt hätten, wäre es ihnen sicher lieber gewesen, wenn sie den Sturm hätten abwehren können.

A. Die Kinder stellen sich nun vor, sie säßen im Boot. Sie versuchen, die dunklen, bedrohlichen Wolken, die heraufziehen, mit ganzer Kraft wegzudrücken. Die Wolken ziehen fort, die Kinder atmen erleichtert auf.

B. *Material:* Chiffon-Tücher (Jongliertücher), Watte oder Federn

Genauso versuchen die Kinder jetzt, aus Leibeskräften dem Wind und den Wolken entgegenzupusten, sie wegzupusten. Besonders wirksam funktioniert das, wenn die Kinder versuchen, ein Tuch, Watte oder eine Feder durch kräftiges Pusten in der Luft zu halten.

Kräftiges Ausatmen (ebenso wie der bewußt herbeigeführte Wechsel von Anspannung und Entspannung) führt zu einer entlastenden Entspannung, die gerade für unruhige und unkonzentrierte Kinder bei wiederholter Anwendung positive Veränderungen bewirken kann.

Wer möchte, kann aus dieser Übung ein kleines Wettspiel machen: Wer schafft es am längsten oder am höchsten?

Wellengang

Bei hohem Wellengang kann es auch durchaus vorkommen, daß einem Wasser ins Gesicht schlägt. Um kein Wasser zu schlucken, hält man automatisch die Luft an.

Die Kinder stellen sich vor, wie eine Welle sie überrollt. Sie halten die Luft an. Sobald die Welle vorüber ist, atmen sie kräftig aus und dann gleichmäßig weiter, bis die nächste Welle kommt.

Vertrauenssache

Die Jünger taten das einzig Richtige: Sie gingen zu Jesus und vertrauten sich ihm an. Sie ließen sich sozusagen in seine Arme fallen und halten und beschützen. Dazu gehörte Vertrauen, das sie durch die vielen Taten Jesu zuvor gewonnen hatten. Vertrauen muß erst aufgebaut werden.

Die Kinder sollen es miteinander lernen. Sie bilden Paare und stellen sich voreinander. Einer dreht dem anderen den Rücken zu und läßt sich aus einer angemessenen Entfernung, die nach und nach vergrößert werden kann, nach hinten in die Arme des Partners fallen, der ihn auffängt und festhält. Nach ein paar Durchgängen werden die Rollen gewechselt.

Anschließend kann dieses Spiel auch in kleinen Gruppen von etwa sechs Personen durchgeführt werden, indem alle einen Kreis um ein Kind herum bilden, das sich ganz steif macht und ganz sanft von einem zum anderen »geschubst« wird, ohne dabei seinen Standpunkt zu verlassen. Jeder sollte einmal in der Mitte stehen.

Ermutigung

Die Kinder sollen sich nun eine Situation vorstellen, in der sie viel Angst haben/gehabt haben, und überlegen, was sie tun und wie sie sich gegenseitig helfen, trösten und Mut zusprechen. Zu zweit oder zu dritt probieren sie dies aus (z.B. sich gegenseitig im Arm halten, über den Kopf streichen, gut zureden usw.).

Schlafender Kapitän

In diesem Rollenspiel stellen sich die Kinder vor, daß der Bootsführer oder Kapitän schläft und sich weder um sein Boot noch um seine Mannschaft kümmert. Auch der Sturm kann ihn nicht wachrütteln.

Die Kinder spielen nun, wie sie den Kapitän wecken, ihn um Hilfe bitten und an seine Aufgaben erinnern, ihm vielleicht Vorwürfe machen, mit ihm schimpfen und an seinen Fähigkeiten zweifeln. Wie reagiert der Kapitän? Ist er schuldbewußt? Ist ihm alles gleichgültig? Oder geht er einfach davon aus, daß seine Mannschaft das schon schafft?

Stürmische Geräusche

Material: Verschiedenartige Gegenstände, evtl. Orffsche Instrumente

Eine letzte Möglichkeit, die Gegensätze von Ruhe und Sturm intensiv wahrzunehmen und zu erleben, ist die Gestaltung dieser Situation mit Hilfe von Geräuschen. Dazu können die Kinder ihren Körper (z.B. pusten, klatschen, mit den Füßen trampeln), aber auch verschiedene Gegenstände und – falls vorhanden – Orffsche Instrumente benutzen.

4. Präsentation des Textes

Erst jetzt wird die biblische Geschichte erzählt, wobei die Kinder bereits in die Gestaltung mit einbezogen werden können, indem sie Bewegungen, Geräusche, Reaktionen usw. pantomimisch mitspielen. Ältere Kinder können die Geschichte auch selbst in der Bibel lesen.

5. Spielen der Geschichte

Nun geht es darum, die Geschichte zu »erspielen« und so den Inhalt und die Aussagen besser verständlich zu machen und zu vertiefen. Die Kinder sollen sich dabei mit ihrem ganzen Denken und Fühlen und ihrem Körper in die Geschichte hineinbegeben, um sie möglichst intensiv zu »erleben«.

5.1 Ohne Worte

Zunächst stellen die Kinder die Geschichte ohne Worte dar. Ihre Bewegungen und Handlungen sollen sie dabei ausprobieren und gegebenenfalls verändern und verbessern, d.h. deutlicher herausarbeiten. Dazu ist es notwendig, Gestik und Mimik bewußt einzusetzen.

Die Kinder verteilen sich gleichmäßig im Raum. Sie können evtl. die Augen schließen und dabei die Geschichte spielen. Erlaubt man ihnen, sich im Raum frei zu bewegen, sollte vorher unbedingt als

Regel festgelegt werden, daß niemand einen anderen berühren darf und alle ganz leise sein müssen.

Der Bibliodrama-Leiter erzählt die Geschichte nun noch einmal, und das in vielen Einzelheiten, die die Kinder mitspielen können: Die ruhige Bewegung des Bootes, das starke Schaukeln, das Festhalten an Teilen des Bootes oder anderen Menschen (ohne sie jedoch jetzt im Spiel zu berühren), sich ängstlich in eine Ecke hocken, das Gleichgewicht verlieren, Wasser aus dem Boot schaufeln; der Sturm läßt nach, alle atmen auf und aus, alle recken und strecken sich erleichtert und entspannen.

5.2 Wecken

Nun spielen die Kinder, wie die Jünger Jesus geweckt haben, zunächst ohne Worte, dann mit Dialogen.

Das anschließende Besprechen der vorgeführten Szenen kann die Kinder zu neuen und verbesserten Versuchen führen.

Zur genaueren Erarbeitung und Vertiefung schreiben die Kinder alleine oder zu zweit auf, was die Jünger, mit denen sie sich identifizieren werden und ja auch sollen, zu Jesus gesagt haben mögen. (Wenn sie vorher noch einmal die Augen schließen und sich die Situation vergegenwärtigen, wird ihnen das Formulieren leichter fallen.)

5.3 Dramatisierung

Je nach Anzahl der Beteiligten versuchen die Kinder nun in ein oder zwei Gruppen, die gesamte Geschichte eigenständig zu spielen. Dazu legen sie die Rollen der einzelnen Kinder fest und planen den Aufbau und Ablauf ihrer Handlungen. In mehrmaligen Versuchen sollten sie unter Einbeziehung der vorhergehenden Übungen Inhalt, Dialoge, gestische und mimische Ausdruckskraft zunehmend überarbeiten und ausfeilen. Das gegenseitige Beobachten und Beurteilen kann dabei helfen. Ist eine Vorführung vor Publikum geplant, können die Kinder überlegen, wie sie das Publikum aktivieren und in die Gestaltung und das Erleben der Geschichte einbeziehen können.

Besondere Requisiten sind zum Spielen nicht erforderlich. Kinder können diese ohne Probleme phantasieren bzw. einfache Einrichtungsgegenstände (wie Stühle) für ihre Zwecke umfunktionieren. Das Spiel fasziniert durch den Inhalt und dessen gestaltete Aussagekraft.

5.4 Staunen

Die Jünger waren sehr erstaunt über Jesu Macht. Vielleicht waren sie sprachlos, fassungslos. Vielleicht gingen sie aber auch, sobald sie wieder an Land waren, zu ihrer Familie oder ihren Freunden und berichteten ihnen von Jesu Handeln, weil es so überwältigend war und sie es einfach nicht für sich behalten konnten.

Die Kinder versetzen sich jetzt, nachdem sie die Geschichte in allen Einzelheiten erlebt haben, wiederum in die Situation der Jünger und berichten ihrer Familie oder ihren Freunden von ihrem Erlebnis, worauf diese mit Staunen oder auch Skepsis reagieren und antworten können. (Bei einer Vorführung kann dieser Teil einfach als selbstverständliche Fortsetzung der Geschichte angehängt werden.)

5.5 Entscheidung

Nachdem die Kinder im Spiel in die Rolle der Jünger geschlüpft und deren Erlebnis mitempfunden haben, sollen sie sich nun entscheiden, wer sie lieber sein möchten: Ein Jünger in Jesu Boot mit dem Risiko aller damit verbundenen Gefahren oder lieber einer der Freunde und Verwandten, die in derselben Zeit wahrscheinlich ein recht beschauliches Leben geführt haben? Wenn möglich, sollen sie ihre Wahl begründen.

6. Aktueller Bezug

Nachdem die Kinder nun die biblische Geschichte »erlebt«, eine Weile in und mit ihr gelebt haben, sollen sie »Sturmsituationen« in ihrem eigenen Leben aufspüren. Auch schon recht junge Kinder haben solche Situationen in ihrer Familie oder ihrem Freundeskreis erlebt. Hatten sie auch das Gefühl, Jesus »schläft« und läßt sie vielleicht gar im Stich? Was haben sie getan, um Jesus zu »wecken«? Wie sind sie dem »Sturm« entkommen?

6.1 Persönliche »Sturmgeschichten«

Zunächst berichten die Kinder von solchen persönlichen »Sturmsituationen«, wobei sowohl echte als auch Sturmsituationen im übertragenen Sinne erlaubt sind. Welche Situationen geschildert werden, ist vom Alter und der Reife eines Kindes und damit seiner Abstraktionsfähigkeit abhängig.

Anschließend schreiben sie ihre Sturmgeschichten auf. Jüngere Kinder können ihre Geschichten auch mit einem Kassettenrecorder aufnehmen und sie von einem Erwachsenen aufschreiben lassen.

6.2 Ein Schiff, das sich Gemeinde nennt

Die Gemeinde, die Gemeinschaft der Christen, wird häufig mit einem Schiff verglichen. Sie ist schon häufig in Stürme geraten. Davon wird bereits in der Bibel berichtet. Schon die ersten kleinen Gemeinden, die nach Pfingsten entstanden, wurden bald verfolgt. Paulus war der bekannteste und gefürchtetste Christenverfolger zu dieser Zeit. Dieses Thema sollte man allerdings erst mit 9-10jährigen ausführlich behandeln. Aber die Erfahrung, daß ein Kind, das treu in die Sonntagsschule, Kinderstunde oder Jungschar geht und dafür auf den begehrten Fußball oder ähnliches verzichtet, gehänselt wird, kommt auch schon bei Jüngeren vor und sollte deshalb auch thematisiert werden.

Mit Jugendlichen kann das Thema der Christenverfolgung auf das 20. Jahrhundert, z.B. auf die Christenverfolgung in islamischen Ländern, ausgeweitet werden. Auch für »innerbetriebliche Stürme« von Gemeinden sind Jugendliche sensibel.

7. Schluß: Sicher anleinen – mit dem »Schifferknoten«

Material: Seil oder festes Garn

Mit dem Schifferknoten kann man ein Schiff, hat es sicher eine Fahrt oder gar einen Sturm überstanden, wieder im Hafen am Poller oder einem Pfahl anleinen. Dazu muß man das Ende des Seiles zum Festmachen in einer bestimmten Weise knoten (siehe Abbildung). Der Schifferknoten wird dann wie ein Lasso über den Pfahl geworfen, ohne daß er sich zusammenzieht.

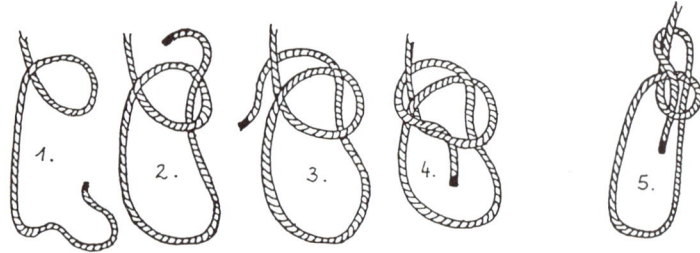

Zum Abschluß der Geschichte knoten die Kinder aus einem Stück dicken Seil einen solchen Schifferknoten. Als Alternative kann man auch ein dünneres Seil oder Garn verwenden. Dieses klebt man in Form des Schifferknotens auf eine längliche Karte aus Fotokarton und verwendet es als Lesezeichen z.B. in der Bibel. Denn mit Gottes Wort gewinnt man festen Boden unter den Füßen!

8. Lieder

Die Jünger fuhren auf dem See

Er hält die ganze Welt

Das wünsch ich sehr

Gott ist so gut

Das verlorene Schaf
(Lukas 15,1-7)

1. Zum Text

Die Geschichte vom verlorenen Schaf ist ein Gleichnis, das Jesus den Schriftgelehrten und Pharisäern erzählte, als sie sich darüber empörten, daß Jesus sich den Zöllnern und Sündern zuwandte. Für sie ging Jesu Güte und Barmherzigkeit, mit der er allen Menschen begegnete, zu weit. An Jesu Handeln wird sichtbar, wie Gott wirklich ist, wie er handelt und welche Ziele er verfolgt.

1.1 Der gute Hirte

Das Gleichnis spiegelt einen wichtigen Wesenszug Gottes, den Jesus den Menschen zeigen möchte. Am Beispiel eines Hirten werden die Eigenschaften im einzelnen erkennbar:

»Der Hirte . . . führt kein beschaulich-idyllisches, sondern eher ein hartes und entbehrungsreiches Dasein. Seinen spärlichen Besitz – Hirtentasche, Stock, Steinschleuder (vgl. 1. Samuel 17,40+43) – trägt er in der Regel bei sich. Gegen die sengende Sonne schützt er seinen Kopf durch ein Tuch; in der Kühle der Nacht wärmt ihn ein grob gewebter Wollmantel . . . Der Hirte führt seine Tiere zu Weide- und Wasserplätzen.«[1]

Er kennt jedes einzelne Schaf, er bewacht die Herde Tag und Nacht. »Obwohl man innerhalb von Einfassungen aus Stein oder Dornen lagerte, waren Diebe und wilde Tiere zu befürchten – Löwen, Leoparden, Bären (bis sie ausstarben), Wölfe, Hyänen, Schakale, Schlangen und Skorpione. Der Hirt trug meist einen Knüppel als Waffe. Gestohlene Tiere mußte er ersetzen, wurde ein Tier zerrissen, mußte er Nachweise bringen (s. 2. Mose 22,12-13).«[2] Ein verlorengegangenes Schaf suchte er, bis er es gefunden hatte. Dann trug er es auf seinen Schultern nach Hause, denn ein »von der Herde abgekommenes Schaf, das umhergeirrt ist, pflegt sich mutlos niederzulegen und ist nicht mehr zu bewegen, aufzustehen und zu laufen.«[3] Ein vorbildlicher Hirte zeigt Einsatzwillen, ist fürsorglich und vermittelt Vertrauenswürdigkeit. Das Bild vom Hirten »wird bald zum Bild für Gott (Psalm 80,2; Jesaja 40,11) bzw. den König (Jeremia 3,15; Hesekiel 34,2ff u.ö.) bzw. den Messias (Matthäus 2,6). Jesus selbst interpretiert durch die Metapher des Hirten seine Sendung (Johannes 10,2ff+14; Matthäus 15,24) und seine Passion (Johannes 10,11+15).«[4]

1.2 Das Schaf

Der Hirte hatte – ob nun als Eigentümer oder als Verwalter einer Herde – ein großes Interesse daran, kein Schaf zu verlieren. Jedes einzelne Tier war für ihn wertvoll. Es lieferte Fleisch für die Ernährung sowie Milch zum Trinken und zur Herstellung von Quark und Käse. »Aus ihrem Fell webte man grobes Tuch, und aus dem Leder nähte man Gefäße.«[5] Vor allem aber hielt man sie wegen ihrer Wolle, aus der man warme Mäntel und Hemden herstellte. Außerdem waren Schafe bevorzugte Opfertiere.

Das Suchen des Schafes wird hier zum Sinnbild dafür, wie Gott selbst einen Menschen sucht, der sich verirrt hat. Gott gibt ihn niemals auf. In dem Gleichnis vergleicht Jesus einen schuldiggewordenen Menschen mit einem solchen verlorengegangenen Schaf, das dem Hirten nicht mehr gefolgt ist, vielleicht weil es seine Stimme nicht mehr hörte, weil es ihn aus den Augen verlor, als es gerade an einer besonders saftigen Stelle weidete. So wie ein Schaf auf seinen Hirten »gepolt« ist, so ist normalerweise auch der Mensch auf Gott, seinen Schöpfer »gepolt«. Verliert ein Mensch bewußt oder unbewußt den Blick auf Gott, dann verliert er die Orientierung. Doch so, wie ein Hirte sein Äußerstes gibt, um sein Schaf zu finden, sucht Gott den Menschen durch Jesus Christus.

1.3 Freude

Unsagbar groß ist die Freude des Hirten, der sein Schaf wiedergefunden hat. Er geht zurück zur Familie, zu seinen Freunden und Nachbarn, und alle teilen seine Freude. Die Pharisäer und Schriftgelehrten äußern dagegen deutlich ihren Unmut darüber, daß Jesus sich mit dem Abschaum der Gesellschaft, mit denen, die als unrein und rettungslos verloren angesehen werden, abgibt. Bei aller Liebe – aber das geht zu weit. Daß jemand ohne Vorleistung und zudem noch mit solch einem »Strafregister«, nur aufgrund der unendlichen Liebe Gottes angenommen werden soll, können und wollen sie nicht akzeptieren, geschweige denn sich darüber freuen. Doch Jesus belehrt sie eines anderen.

1.4 Vorbild

Die Kinder werden sich vor allem mit dem Schaf identifizieren, das leichtsinnig, nicht bei der Sache, unaufmerksam, ungehorsam war. Da Kinder aber auch in der Familie mit vielleicht jüngeren Geschwistern und in Gruppen wie einer Schulklasse leben, können sie auch für ihren Umgang miteinander vom Vorbild des Hirten lernen, denn sobald jemand für andere Menschen ein wenig Verantwortung übernimmt, übt er auch ein wenig von der Rolle des Hirten aus.

Den Auftrag, den Jesus als Hirte auszuführen hat, gibt er an die Menschen weiter: In Johannes 21,15 beauftragt er Petrus: »Weide meine Lämmer!« Auch wenn dieser Aspekt den eigentlichen Rahmen des Gleichnisses sprengt, so fließt er doch indirekt mit ein: So wie Gott, der gute Hirte, keinen Menschen aufgibt, so sollen auch die Menschen, die sich zu Jesus zählen, keinen anderen Menschen aufgeben, sich überheblich von ihm abwenden und ihn fallenlassen, sondern ihn suchen, auf ihn zugehen und ihn liebevoll »zur Herde zurückbringen«.

2. Ziele

Die Kinder sollen

- den Inhalt der Geschichte kennenlernen;
- die Aufgaben eines Hirten kennenlernen;
- den Wert eines Schafes erkennen;
- die besondere Beziehung zwischen Hirte und Schaf erfahren;
- die Bedeutung des Gleichnisses aus dem historischen Zusammenhang heraus wahrnehmen;
- das Gleichnis auf ihre persönliche Situation übertragen;
- erkennen, daß es auch »falsche Hirten« gibt.

3. Einstimmung und Vorbereitung

Verloren und Wiedergefunden

Die Kinder erzählen zunächst, wie sie einmal etwas verloren hatten: Unter welchen Umständen, was es war, wie sie sich gefühlt haben, wie sie verzweifelt gesucht und alle möglichen Leute gefragt haben; wie es war, als sie den Gegenstand wiedergefunden haben.

Anschließend schließen sie die Augen und »erleben« nun unter Anleitung und detaillierter Beschreibung des Leiters eine solche Situation: Die Verzweiflung, die intensive Suche, die Erleichterung und Freude.

Stimmengewirr

Material: Augenbinde

Bevor die Kinder in das Spiel einsteigen, berichten sie von Erlebnissen und Beobachtungen mit einer Schafherde. Die einzelnen Aspekte der noch folgenden Vorbereitungsspiele und -übungen schließen sich wie selbstverständlich daran an, ohne daß die biblische Geschichte damit schon einbezogen werden muß.

Für ein Schaf ist es notwendig, daß es die Stimme des Hirten kennt und hören kann. Deshalb bekommt nun ein Kind (das »Schaf«) die Augen verbunden. Ein anderes Kind (der »Hirte«) wird durch Handzeichen ausgewählt und seine Stimme dem »Schaf« vorgestellt, indem es mehrmals »Komm!« ruft. Die übrigen Kinder bewegen sich locker im Raum und sagen immer »Dong, dang, dong, dang«. Nur mit Hilfe seines Gehörs versucht das »Schaf«, den »Hirten«, der sich nur ganz langsam fortbewegen darf, zu finden. (Regel: Niemand darf andere Kinder stoßen oder wegdrängen!) Sobald es bei ihm angelangt ist, kann das Spiel von vorne beginnen.

Anstelle von »Dong, dang« können sich die Kinder natürlich auch noch andere Laute ausdenken. Dabei werden sie dann sicher feststellen, daß man das »Komm!« je nach Stimmengewirr besser (bei sehr verschiedenen Lauten) oder schlechter (bei sehr ähnlich klingenden Lauten) heraushören kann. Als Abschluß können die Kinder noch kurz über ihre Erfahrungen bei dem Spiel berichten.

Blindes Folgen

Material: Augenbinde, Geräuschquelle

Leichter fällt das Folgen, wenn das Schaf nur die Stimme des Hirten hört.

In diesem Spiel werden dem Schaf wiederum die Augen verbunden. Die übrigen Kinder sitzen ruhig auf ihrem Platz. Der Hirte führt nun das Schaf nur mit Hilfe einer Geräuschquelle (z.B. eine mit Reis gefüllte Filmdose) kreuz und quer durch den Raum, mal nach links, mal nach rechts.

Nach einigen Durchgängen sprechen die Kinder über ihre Erfahrungen.

Gefahr!

Eine Schafherde ist besonderen Gefahren ausgesetzt, um so mehr ein einzelnes Schaf, das sich nicht unter der Obhut des Hirten befindet.

Die Kinder sitzen im Kreis auf dem Boden und schließen die Augen. Sie erleben nun in ihrer Vorstellung, wie sich ein wildes Tier (z.B. ein Wolf) der Umzäunung nähert, in der sie – die Schafe – sich befinden. (Der Spielleiter sollte die Situation sehr anschaulich und spannend beschreiben.) Sie spüren die Gefahr, die da lauert. Angestrengt lauschen sie, wo sich das Tier wohl gerade aufhält – vielleicht auf der anderen Seite der Umzäunung, vielleicht hinter ihrem Rükken. Die Schafe rücken dicht aneinander, machen sich klein, möchten am liebsten wie eine Maus im Mauseloch verschwinden. Vor lauter Angst zittern und blöken sie, erst leise, dann immer lauter. Hört sie der Hirte denn nicht? Der Wolf heult – man hört förmlich sein gefräßiges Verlangen. Doch da – sie hören, wie ein Stock durch die Luft saust, dann ein paar dumpfe Schläge: Der Wolf jault und trabt davon. Erleichtert atmen die Schafe auf.

Die Kinder öffnen die Augen, atmen tief durch, lockern ihre verspannten Glieder und legen sich eine Weile entspannt auf den Boden. Anschließend tauschen sie sich über ihre Empfindungen aus, die sie während der Übung hatten.

Abwehr

Damit die Herde eine Gefahrensituation gut übersteht, kommt es darauf an, daß jedes Schaf auf den Hirten achtet und ihm folgt. Ein Schaf, das dies nicht leistet, wird voraussichtlich zuerst von einem wilden Tier erwischt. Und auch der Hirte muß sehr besonnen und diszipliniert sein, damit er keine unüberlegte Handbewegung macht.

Dieser Zusammenhang wird in diesem Spiel nachempfunden, indem sowohl der jeweilige Hirte als auch die Schafe bestimmte Bewegungen ausführen müssen, um das wilde Tier sozusagen gnädig zu stimmen. Das erfordert von jedem Kind konzentrierte Aufmerksamkeit, genaues Hinsehen und Nachahmen.

Welche Bewegungen ausgeführt werden, bestimmt das »wilde Tier«: Ein Kind, das »wilde Tier«, stellt dem Hirten eine Körperanordnung oder Bewegung vor. Dabei drehen sich die Schafe um. Der Hirte führt nun den Schafen diese Bewegung vor, und die Schafe versuchen ihrerseits, diese Bewegung möglichst gut auszuführen. Ist das wilde Tier mit einem Schaf nicht zufrieden (z.B. wenn eine

Körperhaltung nicht richtig wiedergegeben wird), so scheidet das Schaf aus, es kann sozusagen nicht überleben. Macht der Hirte – und damit zwangsläufig ja auch alle Schafe – eine falsche Bewegung, ist die Runde sofort beendet. Der beste Hirte ist schließlich derjenige, der bei einer vorher festgelegten Anzahl an Bewegungen die wenigsten »Ausfälle« hat. (Da jüngere Kinder noch nicht immer richtige und falsche Körperhaltungen erkennen können, braucht das »wilde Tier«, das natürlich bei jeder Runde wechseln kann, die Unterstützung des Leiters.)

Schatzsuche

Material: Ein Schatz

Die Kinder erhalten nun den Hinweis, daß irgendwo im Hause ein Schatz (z.B. Süßigkeiten) für sie versteckt ist und daß sie nun von dem Gruppenleiter dorthin geführt werden. Dazu stellen sich alle Kinder hinter dem Leiter auf. Um die Geduld der Kinder ein wenig auf die Probe zu stellen, geht man Umwege oder auch doppelte Wege. Als Versteck sollte man möglichst eine Stelle auswählen, die die Kinder nicht unbedingt vermuten und möglichst auch nicht selbständig finden können. Besonders eigenwillige Kinder werden sich vermutlich von der Gruppe lösen und sich auf eigene Faust auf die Suche machen und so den Schatz natürlich nicht finden.

Am Ziel angekommen, sollen die Kinder darüber reden, wie und warum sie dort angekommen sind: Nur wer dem Leiter gefolgt ist, kommt auch sicher beim Schatz an.

4. Präsentation des Textes

Nun wird den Kindern das Gleichnis vom verlorenen Schaf erzählt, eingebettet in die Situation, in der Jesus das Gleichnis erzählte. Insofern die Kinder über Vorwissen darüber verfügen, welche Personen die Schriftgelehrten und Pharisäer waren und wie Jesus mit ihnen und mit Menschen wie den Zöllnern umging, sollten diese in die Beschreibung der Ausgangssituation mit einbezogen werden.

Es ist wichtig, mit den Kindern über den Begriff Gleichnis (= Bild, Vergleich) zu sprechen und warum Jesus gerade den Schriftgelehrten und Pharisäern das Gleichnis erzählt hat.

5. Spielen der Geschichte

Natürlich kann auch diese Geschichte von den Kindern nachgespielt werden. Allerdings enthält sie nicht so viele gestalterische Möglichkeiten, wenn das Gleichnis – wie in der biblischen Geschichte auch – von Jesus nur erzählt wird. Um das Spielen interessant zu machen, muß auf zwei Ebenen gespielt werden: Die erste Ebene ist das reale Gespräch zwischen den Schriftgelehrten, Pharisäern und Jesus in Gegenwart der »Zöllner und Sünder«; die zweite Ebene ist das Gleichnis als bildhafte Geschichte. Beide Ebenen können räumlich nebeneinander dargestellt werden. Zeitlich werden sie wie im Bibeltext ineinander verwoben: zuerst die Zuwendung und Predigt Jesu zu den Zöllnern und Sündern, dann die Empörung der Schriftgelehrten und Pharisäer, das Gleichnis, das Jesus den Leuten quasi wie in einem »Film« vorführt (was z.B. bei einer Aufführung durch gestalterische Mittel, ja sogar einem echten Film in realistischer Umgebung, unterstützt werden könnte), und schließlich die Predigt, die Jesus – wieder real – mit dem »Film« verknüpft.

6. Aktueller Bezug

Auch in unserer Gesellschaft gibt es Menschen wie die Zöllner und Sünder, die von solchen wie den Schriftgelehrten und Pharisäern aufgegeben und überheblich bei seite geschoben werden, z.B. Kriminelle, Nicht-Seßhafte, Behinderte, schwierige Kinder und Süchtige. Auf der anderen Seite stehen die »Starken«, Politiker, Lehrer, Nachbarn usw. Solche beiseite geschobenen Menschen können die Kinder mit Hilfe von Bildern, die sie aus Zeitungen/Zeitschriften ausschneiden, mit Hilfe von eigenen Fotografien (nur für ältere Kinder geeignet) oder mit selbstgemalten Bildern darstellen.

7. Schluß: Verirrt

Material: Mehrfach vergrößerte Kopien des Spielplans, Kopien der Hirtenfigur, Pappe, Klebstoff, Buntstifte, Scheren

Die Hirtenfigur wird farbig angemalt, auf Pappe geklebt und ordentlich ausgeschnitten. Anschließend befestigt man einen zu einem Dreieck geknickten Pappstreifen auf der Rückseite der Hirtenfigur (siehe Abbildung).

Nun kann der Hirte auf die Suche nach seinem Schaf gehen! Natürlich kann auch der Spielplan noch farbig ausgemalt werden!

8. Lieder

Ich hab von einem Mann gehört

113

Zachäus
(Lukas 19,1-10)

1. Zum Text

Die Zachäus-Geschichte ist ein weiteres Beispiel für Jesu Umgang mit den Menschen. Folgende Aspekte müssen bei der Erarbeitung beachtet werden:

1.1 Die Person des Zachäus

Sein Beruf: »Eine Art Hauptzollpächter für einen bestimmten Zollbezirk, hier den von Jericho . . . Das Zollrecht für einen bestimmten Bezirk (oder einen Teil desselben) wurde gegen Vorauszahlung einer festliegenden Summe durch den römischen Finanzprokurator befristet meistbietend an (zumeist römische) Generalpächter verpachtet. Diese verpachteten ihrerseits einzelne Zollstellen an untergeordnete Groß- und Kleinpächter (›Zöllner‹) weiter. Sie traf die ganze Wut und Verachtung des Volkes, weil Betrug und Ausbeutung zu ihrer Geschäftsgrundlage gehörten. Bei dem Versuch, über den von ihnen abzuführenden Pachtzins hinaus einen möglichst hohen eigenen Gewinn zu erwirtschaften, wogen und rechneten sie bewußt falsch und manipulierten die Umrechnungskurse der unterschiedlichen Währungen zu ihren Gunsten.«

Die Zölle »wurden an Provinzgrenzen und Stadttoren, an Brücken und wichtigen Straßenkreuzungen auf Waren erhoben.«

»Die Zöllner waren aber noch aus einem anderen Grund tief verachtet. Sie standen in zweifacher Beziehung im permanenten Zustand ritueller Unreinheit: Ihr täglicher Umgang mit Nichtjuden an den Zollstellen begründete diesen Zustand ebenso wie ihre mittelbare Kollaboration mit der heidnischen römischen Besatzungsmacht.

So war es nicht verwunderlich, daß ›Zöllner‹ Synonym für Sünder und Abschaum war ... Zöllner wurden gemieden, denn der Umgang mit ihnen hätte ebenfalls kultische Unreinheit nach sich gezogen.«

Zachäus ist *reich* (V. 2).

Seine Körpergröße: Er ist *klein* (V. 3).

Zachäus ist *neugierig auf Jesus,* er möchte wissen, wer Jesus ist (V. 3). Er geht nicht in der Menge mit, sondern sucht sich einen »Logenplatz«, der ihm garantiert, daß er Jesus – völlig unverbindlich – sehen wird.

1.2 Der Baum

Zachäus steigt auf den Baum, weil er Jesus erwartet. Er möchte ihn auf keinen Fall verpassen. Gleichzeitig behält er genügend Distanz, da er ja noch nicht weiß, *was* er von Jesus zu erwarten hat. Vor allem fühlt er sich dort auch sicher und geschützt vor den verachtenden Blicken der anderen.

1.3 Das Verhalten Jesu

Jesus stellt alle Regeln der damaligen Zeit auf den Kopf und tut genau das Unerwartete, das, womit niemand gerechnet hat und was niemand versteht: Er sucht den Kontakt zu Zachäus, ja, er setzt sich mit ihm sogar an einen Tisch.

1.4 Das Haus des Zachäus

Ein Haus bietet Schutz vor Witterungseinflüssen, vor den Blicken anderer; im eigenen Haus kann man tun und lassen, was man will, man ist sein eigener Herr. Ein Haus schützt die Privatsphäre und schließt die Öffentlichkeit aus.

Jesus will genau in diese Privatsphäre des Zachäus eindringen, in sein Intimstes. Vor ihm soll nichts verborgen bleiben. Das heißt aber auch: Zachäus braucht sich nicht vor Jesus auf einem Baum zu verstecken, sondern Jesus kommt zu ihm, in sein Leben, in seine Lebensumstände, so wie sie sind, und nimmt ihn mit allem Drum und Dran an, so wie er ist, ohne Vorbehalte und ohne mit dem Finger auf ihn zu zeigen. Er hält Zachäus auch keine Strafpredigt, sondern genießt mit ihm in angenehmer Atmosphäre das gemeinsame Essen. Zachäus läßt all das zu, weil er sich angenommen fühlt.

1.5 Begegnung mit Folgen

Jesus hat Zachäus mit seiner liebevollen Zuwendung und Annahme überzeugt. Das bewirkt in Zachäus die Bereitschaft, ja den Wunsch, sein betrügerisches Leben umzukrempeln, die Hälfte seiner Güter an die Armen und Bedürftigen zu verteilen und den Geschädigten ihr Geld vierfach zurückzugeben (V. 8). Die Begegnung mit Jesus hat klare, praktische Konsequenzen für Zachäus.

1.6 »Heute ist diesem Hause Heil widerfahren!«

Jesus ist nicht gekommen, um den Menschen Brei um den Mund zu schmieren oder ihre Sensationslust zu befriedigen; er kam auch nicht, um die politischen und gesellschaftlichen Verhältnisse zu verändern, so wie es die Juden von ihm erwartet hatten. Jesus kam und kommt noch zu den Menschen, um sie heil zu machen, um ihnen durch seine Vergebung und Liebe eine neue Lebensqualität zu schenken. Zachäus war ein Verachteter in den Augen der Menschen, unwürdig, an ihrem Leben teilzuhaben. Ihnen zeigte Jesus, daß er für *alle* gekommen ist, für die Gerechten und die Ungerechten, und daß er keinen Unterschied macht. Auf dieser Basis kann sich Zachäus wieder als würdig und wertvoll erleben. Seine Seele findet wieder Trost und Hoffnung, weil er nicht verloren ist und weil Jesus sich ihm zugewandt hat. Zachäus findet dadurch die Kraft, sein Leben neu zu gestalten.

2. Ziele

Die Kinder sollen

- den Inhalt der Geschichte kennenlernen;
- die Tätigkeit eines Zöllners und seine gesellschaftliche Stellung in der damaligen Zeit kennenlernen;
- sich in Zachäus und die anderen Menschen hineindenken und einfühlen;
- Jesu außergewöhnliches Verhalten kennen- und bewerten lernen;
- erfahren, daß Jesus sündige und verachtete Menschen annimmt, ihnen vergeben und ein neues Leben schenken will;
- am Beispiel der Geschichte positive Möglichkeiten für ihren eigenen Umgang mit anderen Menschen kennenlernen.

3. Einstimmung und Vorbereitung

Der Stänkerer

Den Kindern wird folgende Situation geschildert: In einer Gruppe/Klasse ist ein Junge, der ständig die anderen Kinder ärgert, ihnen Sachen wegnimmt, die er versteckt oder gar behält. Die Kinder versuchen sich zu wehren, aber sobald jemand diesen Jungen auch nur schief ansieht oder anfaßt, rennt der zum nächsten Erwachsenen und schwärzt ihn an. Niemand mag diesen Jungen leiden, weil er sich mit keinem vertragen kann, sondern immer nur für Streit und Ärger sorgt.

Die Kinder spielen nun diese Situation in kleinen Gruppen nach und versuchen dabei, die Positionen der einzelnen »Parteien« möglichst gut herauszuarbeiten. Nachdem alle Rollenspiele vorgetragen sind, sprechen die Kinder über die folgenden Punkte:
- Warum verhält sich der Junge so?
- Wie haben sie sich in den Rollenspielen ihm gegenüber verhalten? Wie verhalten sie sich in der Realität in solchen Situationen? Wie würden sie am liebsten reagieren?

- Wie hat sich der Junge in den jeweiligen Rollenspielen erlebt? Wie hat er die Reaktionen der Kinder empfunden?
- Welche Person möchte jedes Kind am liebsten sein und warum?

Leben in der Stadt

Material: Vergrößerte Kopie/Folie von der Abbildung, Tageslichtprojektor

Anhand der Abbildung sprechen die Kinder über das Leben in einer Stadt in Palästina, wobei die Stadtmauer, das Stadttor, die Wächter und Zöllner besonders hervorgehoben werden. Zum Abschluß wird das Berufsbild des Zöllners zur damaligen Zeit anschaulich geschildert.

Zollstation

Material: Murmeln o.ä., kleine Steinchen oder Spielmarken

In diesem Spiel sollen die Kinder nun selber eine solche Zollstation und die Tätigkeiten und Verhaltensweisen der Menschen damals nachempfinden:

Der Zöllner kontrolliert die Händler, die in der Stadt ihre Waren (z.B. Murmeln) verkaufen wollen, und erhebt je nach Art und Menge der Ware den entsprechenden Zoll. Für eine Murmel müssen sie z.B. mit einem Steinchen oder einer Spielmarke bezahlen. Ein Oberzöllner kontrolliert, ob der Zöllner richtig gezählt und den richtigen Preis verlangt hat. Wenn ja, darf der Händler passieren, wenn nicht, kassiert der Oberzöllner noch mal die richtige Summe. Den zusätzlichen Gewinn, also das, was Zöllner und Oberzöllner über den normalen Zoll hinaus eingenommen haben, lassen sie in ihrer gemeinsamen privaten Tasche, einer Extrakasse, verschwinden und teilen ihn zum Schluß. Durch bewußten Betrug können sie so den Händlern ganz schnell alles »Geld« abnehmen (jeder Händler erhält zu Beginn eine begrenzte Anzahl Steinchen, z.B. 10 Stück).

Anschließend sprechen die Kinder darüber, wie sie sich fühlten, als sie von dem Zöllner hereingelegt wurden und dadurch viel mehr bezahlen mußten.

Danach wird das Spiel erweitert: Nun dürfen die Händler, z.B. in der Hosentasche, Ware schmuggeln. Ertappt sie der Zöllner dabei, müssen sie doppelten Zoll bezahlen. Verdächtigt sie der Zöllner jedoch zu Unrecht, so muß er dem Händler soviel auszahlen, wie der normalerweise an Zoll bezahlen müßte.

Dieses Spiel kann man spielen, bis die ersten Kinder kein »Geld« mehr haben oder es ihnen langweilig wird. Zum Schluß sollten sie noch einmal kurz über ihre Erfahrungen im Spiel sprechen.

Einfach empörend!

Die Kinder stellen sich nun noch einmal vor, daß der Zöllner sie gerade betrogen hat und daß sie ihm hilflos ausgeliefert sind, da sie ja das Stadttor passieren und ihre Waren verkaufen wollen. Händler und Zöllner stehen dazu einander gegenüber. Der Zöllner verteidigt seine »Strategie«. Die Händler sind empört und verärgert und beschimpfen den Zöllner. Sie dürfen ihre Wut richtig herauslassen, ohne jedoch den Zöllner zu berühren! Anschließend reflektieren Händler und Zöllner im Gespräch noch einmal ihre Gedanken, Wünsche und Reaktionen:

– Was tun wir mit Menschen, die uns ärgern, betrügen, denen wir hilflos ausgeliefert sind? Wie gehen wir mit ihnen um?
– Wie fühlt man sich, wenn man jemanden belogen/betrogen hat? Wie fühlt man sich, wenn man ertappt wurde? Was tut man dann? Was möchte man am liebsten tun?

Die verschiedenen Reaktionen werden jeweils von allen Kindern mimisch und gestisch dargestellt, z.B. drohen, sich ohnmächtig fühlen, sich schämen, ein schlechtes Gewissen haben, sich am liebsten im hintersten Winkel verstecken wollen.

Nach jedem Darstellungsversuch, der auch mehrmals geübt werden kann, »lösen« die Kinder ihre Bewegungen wieder. Auf diese Weise erfahren sie, daß Ärger, Wut, Ohnmacht, Angst usw. Kraft kosten und sehr anstrengend sein können.

120

Einmal ganz persönlich!

Nun sollen die Kinder über eigene Erfahrungen und Erlebnisse nachdenken und in Rollenspielen Situationen darstellen, in denen sie selbst oder auch andere etwas getan haben, was nicht recht war (z.B. ein Kind hat den Eltern nicht gehorcht, gelogen oder jemanden rücksichtslos übervorteilt). Dabei sollen sie die Positionen, Verhaltensweisen und Reaktionen aller Beteiligten möglichst deutlich herausstellen und auch den Ausgang der jeweiligen Situationen mit einbeziehen (z.B. ob die Eltern eine Strafe verhängt haben; ob, wann und wie man sich wieder vertragen hat usw.).

Ein Traum

Beim Beschreiben der folgenden Situation sollten die Gefühle intensiv und detailliert geschildert werden. Zur möglichst intensiven Nachempfindung sollte den Kindern viel Zeit gelassen werden.

Die Kinder schließen die Augen. Sie stellen sich vor, sie haben etwas Verbotenes, etwas sehr Schlechtes angestellt. Sie befürchten, die Eltern bekommen es heraus. Schließlich merken sie, daß die Eltern Bescheid wissen, und sie fürchten deren Reaktion. Am liebsten möchten sie sich verkriechen. Doch da kommen die Eltern, sprechen freundlich mit ihnen über das, was sie getan haben. Natürlich weisen sie das Kind darauf hin, daß so etwas nicht wieder geschehen darf. Die Eltern nehmen das Kind in den Arm. Es ist überrascht. Erleichtert kann es aufatmen.

4. Präsentation des Textes

Die Geschichte von Zachäus wird nun mit dem Hinweis eingeführt, daß in dieser Geschichte etwas Ähnliches geschehen ist (siehe Traum) und daß die Kinder an ihrem Beispiel erleben können, wie Jesus mit Menschen umgeht, die Unrechtes tun.

Schritt für Schritt wird die Geschichte vorgetragen, wobei die folgenden Spiele und Übungen chronologisch eingebaut werden.

Zunächst lernen die Kinder die Person des Zachäus und seine gesellschaftliche Stellung kennen. Danach wird beschrieben, daß Jesus in der Stadt ist, bis zu der Stelle, wo Jesus Zachäus vom Baum herunterbittet.

Selbstgespräch

In kleinen Rollenspielen stellen die Kinder die Situation nach: Zachäus auf dem Baum (er sitzt z.B. auf einem Stuhl auf einem Tisch), um ihn herum die Menschenmenge, die ungläubig den Kopf schüttelt und mit den Fingern auf ihn zeigt, und Jesus, der Zachäus herunterwinkt. Zachäus führt ein Selbstgespräch. Was geht ihm wohl in dieser Situation im Kopf herum? Ist er erschreckt? Freut er sich? Soll er Jesus glauben? Oder ist das eine Finte? Die Kinder können verschiedene Möglichkeiten ausprobieren.

Meinungsumfrage

Die Kinder stellen sich jetzt vor, daß sich ein besonders gesetzestreuer Jude (ein Pharisäer z.B.) zum Wortführer erhebt, protestiert und die Leute, die herumstehen und ebenso empört sind, über ihre Meinung zu dieser Situation befragt. Dabei sollen vor allem die Erwartungen, die die Juden an Jesus stellten, deutlich werden: »Wie kann der nur . . .! Er müßte doch eigentlich . . .! Das hatte ich mir aber ganz anders vorgestellt! Wir halten alle Gesetze, und zu diesem Unreinen geht er hin!« usw.

Ausgegrenzt

Die Kinder bilden einen Kreis und fassen sich an der Hand. Im Kreis steht »Jesus«, wohlbehütet von der »Menschenmenge«.

Außen herum läuft »Zachäus« und versucht, durch den Kreis zu Jesus hindurchzudringen.

Die Kinder sprechen anschließend über ihre Erfahrungen beim Spiel, besonders die des Zachäus, und überlegen, welche Menschen bei uns ausgegrenzt werden (z.B. Alte, Kranke, Dicke, Behinderte, Kriminelle, Nichtseßhafte, schwierige Kinder).

Heimkehr

Jesus möchte bei Zachäus einkehren. Gemeinsam gehen sie zu Zachäus' Haus. Links und rechts am Weg stehen die anderen Leute, sie bilden eine Gasse, buhen und zeigen mit dem Finger auf Zachäus. Je nach Anzahl der Kinder kann man vereinbaren, daß Zachäus mehrmals den Weg gehen muß.

Wie ist ihm zumute? Vielleicht möchte er lieber weglaufen oder durch die Leute hindurchrennen, um ihnen möglichst nicht zu lange ausgesetzt zu sein? Die Kinder sollen über ihre eigenen Empfindungen als »Zachäus« sprechen.

Aufeinander zugehen

Nun wird die Geschichte zu Ende erzählt: Jesus kehrt bei Zachäus ein, ißt mit ihm, pflegt mit ihm die Gemeinschaft.

Die Kinder überlegen, wie sie mit solchen ausgegrenzten Menschen umgehen können, was sie konkret tun können: aufeinander zugehen, um Vergebung bitten, Vergebung gewähren, einander die Hand geben.

Die Kinder stellen sich einander gegenüber in zwei Reihen auf. Auf Kommando gehen beide los, Schritt für Schritt. Sobald sie in der Mitte zusammentreffen, erhalten sie den Auftrag, einander die Hände zu reichen.

Als Ergebnis sollte unbedingt festgehalten werden: Nur wenn beide Seiten die Hände ausstrecken, können sie zusammenfinden. Jeder muß auf den anderen zugehen.

5. Spielen der Geschichte

Nachdem die gesamte Geschichte bekannt ist und zahlreiche Situationen detailliert erarbeitet worden sind, können die Kinder sie jetzt noch einmal mit der ganzen Gruppe spielen. Benötigt werden die Personen Jesus, Zachäus, Händler, Leute aus der Stadt. Auch die Stadtmauer, das Stadttor, der Baum und das Haus des Zachäus können von den Kindern mit Hilfe ihrer Körper dargestellt werden. Die jeweilige Rolle dürfen sich die Kinder selbst aussuchen.

6. Aktueller Bezug

6.1 Sehen lernen

Die Kinder sollen lernen, Menschen, die – aus welchen Gründen auch immer – ausgegrenzt werden, so zu sehen, wie sie sind. Auf diese Weise wird verhindert, daß Vorurteile entstehen, bzw. bestehende Vorurteile werden abgebaut. Vor allem können sie am Beispiel Jesu die Bereitschaft lernen, auf solche Menschen zuzugehen und sie anzunehmen, denn Jesus hat in dieser Geschichte ganz klar gezeigt, daß er keine Unterschiede macht zwischen den Menschen, daß er die »Guten« wie die »Schlechten« liebt und annimmt und daß wir deshalb auch selbst keine Unterschiede machen sollen. Die Kinder werden sehr schnell feststellen, daß dies eine sehr schwierige, aber lohnenswerte Aufgabe ist – sowohl für den anderen wie für einen selbst.

Aus diesem Grunde sollen sich die Kinder als Hausaufgabe möglichst eine Person aus ihrer Umgebung (nicht aus der Gruppe!) überlegen, bei der es ihnen schwerfällt, auf sie zuzugehen, freundlich zu sein, sie anzunehmen. Zu dieser Person sollen sie Kontakt suchen, zu ihr gehen, mit ihr sprechen und ihr die unter 7. vorgestellte Bastelarbeit schenken.

Wichtig ist, daß die Kinder diese Aufgabe nicht als moralischen Zwang empfinden, sondern als Chance sehen, positiv auf einen anderen Menschen einzuwirken. Indem die Kinder sich untereinan-

124

der die Personen, an die sie denken, beschreiben und ihre Vorbehalte und Ängste ihnen gegenüber äußern, können sie gemeinsam Strategien überlegen und sich gegenseitig Mut machen.

6.2 Tischgemeinschaft

Jesus geht den Menschen als Beispiel voran: Er geht auf die Menschen zu, sucht die Gemeinschaft mit ihnen und nimmt sie an. Wir sollen im Umgang miteinander seinem Beispiel folgen.

Als sichtbares Zeichen, daß sich die unterschiedlichen Teilnehmer der Gruppe ebenfalls annehmen und die Gemeinschaft pflegen möchten, sollte deshalb die Geschichte mit einem gemeinsamen, vielleicht etwas festlichen und am besten auch gemeinsam zubereiteten Essen abgeschlossen werden.

7. Schluß: »Heute ist diesem Haus Heil widerfahren!«

Material: Vergrößerte Kopien der Abbildung, dünne Pappe, Malstifte, Scheren, Klebstoff

Die Kinder malen die Vorlage bunt aus. In das Türschild können sie den Namen der Person, die das Haus bekommen soll, hineinschreiben. Danach schneiden sie die Teile zunächst an den gestrichelten Linien aus, kleben sie auf Pappe und schneiden sie dann ganz ordentlich aus.

Heute ist diesem Haus
Heil widerfahren !

Lukas 19.9

Zum Schluß werden die Teile an den gepunkteten Linien geknickt und zusammengeklebt. Die eine Dachhälfte wird nicht festgeklebt, sondern nur in die Hauswand mit Hilfe der Lasche eingesteckt. Auf diese Weise kann man das Haus dazu benutzen, um kleine Gegenstände darin aufzubewahren.

Wer möchte, kann das Haus auf eine feste Pappe kleben und mit Moos, Holz und Trockenblumen einen kleinen Garten gestalten. Die Abbildung des Bibelverses können die Kinder von innen in die Dachklappe kleben, so daß man sie lesen kann, wenn die Klappe geöffnet wird. Oder aber sie stellen daraus mit Hilfe von Tonpapier oder Fotokarton eine Grußkarte her.

8. Lieder

Es ist niemand zu groß

Zachäus ist ein kleiner Mann

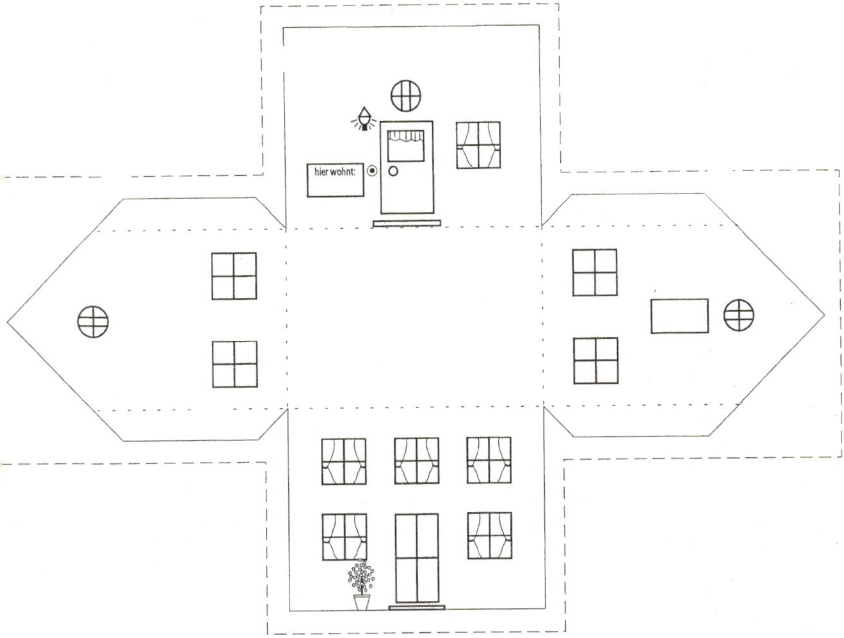

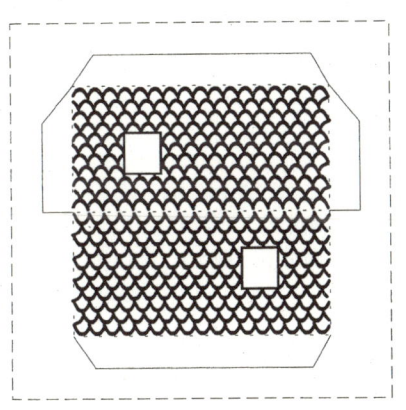

hier wohnt:

Bartimäus

(Markus 10,46-52)

1. Zum Text

Daß ein Blinder am Wegrand sitzt und bettelt, ist für die Zeit Jesu nichts Besonderes. Augenkrankheiten und Blindheit waren in antiker Zeit im Mittelmeerraum weit verbreitet, und die soziale Situation der Blinden zwang sie, ihren Lebensunterhalt durch Betteln zu bestreiten. Dadurch begegnet auch Jesus häufig blinden Menschen (z.B. Matthäus 9,27; 12,22; 20,30; Markus 8,22; Johannes 9,1).

1.1 Blindsein

Blindsein heißt: Stetige Nacht um mich herum; Menschen, die ich liebe, kann ich nicht sehen und nicht von denen unterscheiden, die ich lieber meiden möchte. Ich bin intensiver als sehende Menschen auf andere Sinneswahrnehmungen angewiesen und von der Hilfsbereitschaft anderer abhängig. Kann viele Dinge nicht tun; bin vom »normalen« Leben ausgeschlossen und anderen Menschen auf Gedeih und Verderb ausgeliefert.

Viele Menschen leiden aber auch unter einer geistigen Blindheit. So läßt Saint-Exupéry den kleinen Prinzen sagen: »Man sieht nur mit dem Herzen gut. Das Wesentliche ist für die Augen unsichtbar.« Wir sehen heute zwar mehr denn je von der Welt, z.B. im Fernsehen oder auf weiten Urlaubsreisen, aber es dringt immer weniger in unser Herz, unser Denken und Fühlen, da das Überangebot an optischen Sinneseindrücken nicht mehr zu verarbeiten ist. Wir stumpfen ab, sind nicht mehr empfänglich für Feinheiten, für das Eigentliche, für den Menschen, der neben uns lebt. Wir sehen, aber wir nehmen nicht wahr und nicht auf.

Ebenso gibt es eine geistliche Blindheit. Ein Mensch kann unter den vielen religiösen Strömungen »seinen Weg« nicht finden, weil er verunsichert ist und nicht weiß, welcher Schritt als nächstes richtig ist. Oder ein Mensch steckt bereits so in den Fängen einer religiösen Gruppierung, daß er vollkommen willenlos ist und deren Prinzipien blind folgt. Oder ein Mensch sieht sich selbst als letzten Maßstab aller Dinge – vielleicht als Schutz gegenüber dem Wirrwarr religiöser Angebote – und verliert damit den Blick für die Maßstäbe Gottes, so wie sie in der Bibel vermittelt werden. Auch seelische Verletzungen und Leid können zu geistlicher Blindheit führen, wenn jemand hinter diesen negativen Erfahrungen Gott nicht mehr erkennen kann.

Doch alle »blinden« Menschen dürfen aus der Geschichte des Bartimäus Hoffnung schöpfen: Jesus hört aus der Menschenmenge, aus dem Gedränge um ihn herum die Hilfeschreie des einzelnen heraus und geht auf sie ein.

1.2 Betteln

Bartimäus ist auf das Betteln angewiesen. Zur damaligen Zeit gab es kein soziales Netz, das Blinde auffing. Dennoch gibt es auch heute noch Menschen, die am Straßenrand sitzen und betteln. Woran sich seit damals sicher nicht viel geändert hat, ist die Tatsache, daß die Menschen mehr oder weniger hochnäsig, verachtungsvoll, allenfalls bemitleidend an ihnen vorbeilaufen. Solange die Bettler ruhig an der Seite, am Rande der Gesellschaft sitzen, stören sie zumindest nicht besonders.

Doch als Bartimäus erfährt, daß Jesus in seiner Nähe ist, ist er nicht mehr zu halten. Er ruft laut nach ihm, er schreit: »Jesus, Sohn Davids, erbarme dich meiner!« Die anderen um ihn herum wollen ihn zum Schweigen bringen. Es ist ihnen sichtlich peinlich und unangenehm, daß die andächtige Gefolgschaft durch sein ungebührliches Benehmen gestört wird. Aber Bartimäus läßt sich nicht beirren. Wahrscheinlich denkt er: »Jetzt oder nie!« Er bettelt und schreit Jesus um Erbarmen an. »Wenn einer mir helfen kann, dann nur Jesus«, so wird er gedacht haben.

Kindern ist dieses Rufen und Schreien noch nicht so fremd wie den Erwachsenen, die gelernt haben, sich diszipliniert und angepaßt zu verhalten und zu äußern. So wäre es sicherlich undenkbar, daß Menschen in einer Kirche plötzlich um Erbarmen schreien würden. Jeder, der dies tun würde, gälte als »abgedreht«, verrückt, aus der Kontrolle geraten. Deshalb erstickt man lieber sein Flehen und Bitten, lieber schluckt man es herunter, als sich eine solche Blöße zu geben. Und wenn wir unseren Bitten doch Ausdruck verleihen – glauben wir dann auch daran, daß Gott sie tatsächlich erhören und reagieren wird? Sind wir nicht schon zu »verkopft«, um uns auf solch eine »primitive« Stufe herabzulassen?

Jesus will, daß wir als ganzer Mensch zu ihm kommen, nicht nur mit unserem Kopf und unserer Vernunft, sondern auch mit unserem Körper und unseren Gefühlen, und zwar so, wie wir sind, nicht erst »zurechtfrisiert«!

1.3 Sohn Davids!

Bei Bartimäus wird die Erwartungshaltung mehrfach deutlich. In seinen eindringlichen Rufen spricht er Jesus als »Sohn Davids« an. Diese Bezeichnung ist gleichbedeutend mit dem Messias-Titel. Das Judentum erwartet mit dem verheißenen Messias einen König, dem die endzeitliche Macht übertragen, durch den Gott Gerechtigkeit und Frieden wiederherstellen und Krankheit und Tod beseitigen wird.

Der blinde Bartimäus hat in Jesus diesen Messias »gesehen« und erkannt, und indem er sich ihm zuwendet und folgt, wird er zum Verkünder des Auftrages und der Passion Jesu.

Die Frage Johannes des Täufers: »Bist du, der da kommen soll? Bist du der, den wir seit langem erwarten? Bist du der Messias?« beantwortet Jesus eindeutig: »Geht hin und verkündigt Johannes, was ihr gesehen und gehört habt: Blinde sehen, Lahme gehen, Aussätzige werden rein, Taube hören, Tote stehen auf, Armen wird das Evangelium gepredigt.« (Lukas 7,18-22)

1.4 Jesus läßt rufen!

Jesus hört das Schreien des Bartimäus. Er hätte ja selbst gleich zu ihm hingehen können, aber er spannt die ein, denen das Schreien unangenehm und peinlich ist: Jesus läßt Bartimäus rufen und zu sich führen. Damit öffnet er denen, die für den blinden Bettler blind sind, die Augen; er macht sie aufmerksam auf die Not und die Bedürfnisse des Bartimäus, an denen sie vorher so selbstverständlich vorbeigegangen sind. Jesus zeigt ihnen, daß er auch für die am Rande der Gesellschaft Lebenden gekommen ist, für die, die in den Augen der meisten als unwürdig gelten. Bartimäus erlebt wahrscheinlich zum ersten Mal in seinem Leben, daß er ernst- und angenommen wird. Jesus wendet sich ihm auch nicht mitleidig von oben herab zu, sondern er nimmt ihn in seiner besonderen Situation wahr, behandelt ihn aber ansonsten so wie alle anderen auch. Bartimäus muß sich schon selbst in Bewegung setzen, wenn er zu Jesus kommen will. Er braucht nur aufzustehen und der Stimme zu folgen.

So als hätte er sich von einer schweren, unangenehmen, einengenden Last zu befreien, wirft er seinen Mantel von sich und springt auf. Diese Situation erinnert an eine Art Häutung, ähnlich der des Schmetterlings, der sich seiner starren, einengenden Puppenhülle entledigt und in die Freiheit davonfliegt. Der Mantel hat ihm lange Zeit als notwendiger Schutz gedient, aber nun, da er durch Jesus die Hoffnung auf ein neues Leben, eine neue Lebensqualität hat, braucht er ihn nicht mehr.

Auch heute läßt Jesus Menschen durch andere Menschen rufen und zu sich bringen. Aber gehen muß jeder einzelne selbst, das kann keiner für den anderen übernehmen. Das setzt jedoch den Wunsch voraus, diesen Jesus »sehen« und kennenlernen zu wollen, und die Bereitschaft, das bisherige Leben wie einen ausgedienten Mantel »von sich zu werfen«.

2. Ziele

Die Kinder sollen

- den Inhalt der Geschichte kennenlernen;

- die Bedeutung von Blindheit sowohl als organische Krankheit wie im übertragenen Sinne erfassen;
- die Bedeutung von Jesu Verhalten für die damalige Zeit und für den einzelnen wahrnehmen;
- erfahren, daß Jesus rufen läßt, daß sich der einzelne aber selbst in Bewegung setzen und zu Jesus hingehen muß;
- erfahren, daß sie mit ihren Bitten jederzeit zu Jesus kommen können.

3. Einstimmung und Vorbereitung

Für gesunde Kinder ist es selbstverständlich, sehen zu können, und sie wissen nicht, was es bedeutet, blind zu sein. Allerdings wird jedes Kind über Erlebnisse verfügen, die mit Dunkelheit zu tun haben. Anknüpfend an diese Vorerfahrungen werden die Kinder spielerisch in die Welt des Bartimäus eingeführt, bevor die eigentliche Geschichte erzählt wird.

So ist Dunkelheit

Am einfachsten werden die Kinder mit der Situation eines Blinden konfrontiert, wenn man sie in einen völlig abgedunkelten Raum hineinführt, in dem sie sich vorsichtig eine Weile bewegen. Ist dies nicht möglich, erhalten die Kinder die Aufgabe, ihre Augen fest zu schließen (evtl. verbinden), den Raum einmal zu durchqueren und sich dann auf den Boden zu setzen. (Achtung: Alle Kinder bewegen sich langsam und rücksichtsvoll!) Anschließend sprechen die Kinder über ihre Erfahrungen, wie sie die Dunkelheit erlebt und wie sie sich selbst bei der Bewegung im Raum geholfen haben. Manche Kinder fühlen sich bei dieser Übung unbehaglich und ängstlich, andere empfinden sie als unterhaltsam oder zumindest das stille Sitzen als angenehm, da es auch eine beruhigende Wirkung haben kann. Das ist jeweils abhängig vom einzelnen Kind.

Hell-Dunkel-Musik

Material: Orffsche Instrumente, verschiedene Gegenstände aus der Umgebung der Kinder

Mit Hilfe der Instrumente und Gegenstände versuchen die Kinder, Licht, Dämmerung und Dunkelheit in Klänge und Geräusche umzusetzen. Gerade in der Dunkelheit (Nacht) ist man besonders empfänglich (und empfindlich) für Geräusche, da die meisten Geräusche des Tages ausgeschaltet sind. Es geht nun darum, Geräusche der Nacht, Töne und Geräusche, die die Kinder mit Dunkelheit verbinden, aufzuspüren und ihnen »Klänge des Lichts« entgegenzusetzen. Nachdem die Kinder dies eine Weile ausprobiert haben, können sie ihre Ergebnisse der ganzen Gruppe vorspielen und besprechen.

Zum Schluß spielen alle gemeinsam ihre »Hell-Dunkel-Musik«. Das jeweilige Thema wird mit Hilfe einer Taschenlampe, des Deckenlichtes (evtl. mit Dimmer) oder einer Jalousie, die das Tageslicht abhalten soll, dirigiert.

Erlebte Dunkelheit

Material: Malpapier, Wasserfarben, Pinsel, Wassergläser, Wasser, dunkler Fotokarton

Mit Wasserfarben sollen die Kinder eine Situation malen, in der sie Dunkelheit in besonderer Weise erlebt haben, oder einen Ort, den sie mit Dunkelheit verbinden (z.B. den Keller, einen Tunnel, eine Höhle).

Die fertigen Bilder werden von den Kindern jeweils vorgestellt und die mit dem Ort/der Situation verbundenen Gefühle beschrieben. Auf einem dunklen Fotokarton werden die Gefühle festgehalten (z.B. Angst, Einsamkeit, Wut).

Blindes Sehen

Ein Blinder muß viele Dinge blind »sehen« können, um sich eine gewisse Selbständigkeit zu bewahren. Zu den hier vorgestellten

Spielvorschlägen können die Kinder natürlich selbst noch mehr Ideen hinzufügen.

Tastkim
Material: Augenbinden, verschiedene, den Kindern bekannte Gegenstände, eine Uhr

Mit verbundenen Augen müssen die Kinder in einer vorgegebenen Zeit möglichst viele der vorgegebenen Gegenstände ertasten und anschließend aufzählen (evtl. aufschreiben) können. Wer erkennt und behält die meisten?

Geldmünzen-Tastkim
Material: Augenbinden, viele verschiedene, den Kindern bekannte Geldmünzen

Mit verbundenen Augen ertasten die Kinder Geldmünzen und benennen sie. Sind die Kinder schon etwas älter, können sie anschließend versuchen, jeweils einen in Münzen vorgegebenen Geldbetrag zu ertasten und als Summe zu benennen.

Menschen-Tastkim
Material: Eine Augenbinde

Die Kinder sitzen im Kreis. Es geht darum, ein anderes Kind durch Tasten zu erkennen. Gelingt dies nicht, kann das zu erkennende Kind leise »Ich bin's« oder etwas ähnliches sagen. Wird es bei seinem Namen genannt, darf es nun weiterraten. Wenn nicht, muß das ratende Kind zu einem anderen Kind weitergehen.

Wett-Ankleiden
Material: Zwei Augenbinden, verschiedene Kleidungsstücke in zweifacher Ausführung

Die Kinder sitzen im Kreis. Auf zwei Stühlen in der Mitte liegt jeweils ein Satz Kleidungsstücke bereit. Zwei Kinder müssen sich nun auf Kommando mit verbundenen Augen die Kleidungsstücke möglichst schnell und richtig anziehen. Es gewinnt, wer am schnellsten alles richtig anhat.

Blind schreiben
Material: Papier, Stifte, Augenbinden

Auf ein Blatt Papier schreiben die Kinder mit verbundenen Augen ihren Namen, ihr Lieblingsspielzeug, den Namen des Freundes/der Freundin usw.

Blindes Gehen

Material: Eine Augenbinde

Ein Blinder ist beim Gehen auf zusätzliche Hilfen angewiesen. In diesem Spiel ist die Hilfe ein »Blindenführer«: Ein Kind, das dem »Blinden« auf einem selbstgewählten Weg vorangeht und ihn mit seiner Stimme leitet.

Nach mehreren Durchgängen sprechen die Kinder über ihre Erfahrungen, über die Aufgaben des Blindenführers und die möglichen Schwierigkeiten des Blinden (der Führer darf z.B. nicht zu weit vorausgehen; die übrigen Kinder müssen leise sein, damit die Stimme des Führers überhaupt zu hören ist; Gefahr der Desorientierung usw.). Im Anschluß daran können die Kinder auch über ihre Beobachtungen mit blinden Menschen aus ihrer Umgebung und deren Hilfsmittel berichten (Blindenbinde, Blindenstock, Blindenhund, Ampelsignale).

Variation:
Der Führer geht voran und führt eine einfache Tätigkeit aus, wie die Tür oder das Fenster öffnen, die Hände waschen oder auf einen Stuhl steigen und herunterspringen. (Achtung: Der Führer muß aufpassen, daß sich das »blinde« Kind nicht verletzt!)

Gutes Gehör

Material: Eine Augenbinde

Ein Kind sitzt mit verbundenen Augen auf dem Boden. Die anderen Kinder ziehen an ihm vorüber, reden und bewegen sich, dürfen allerdings das »blinde« Kind nicht berühren. Dessen Aufgabe ist es, möglichst viele Eindrücke herauszuhören und wiederzugeben.

Variation:
Zwei oder drei Kinder erhalten den Auftrag, immer wieder dasselbe, vorher vereinbarte Wort zu sagen. Dieses Wort, das erst leise und dann langsam immer lauter gesprochen wird, muß das »blinde« Kind versuchen herauszuhören.

Zum Abschluß sollen die Kinder über ihre Erfahrungen bei diesem Spiel sprechen.

4. Präsentation des Textes

Die Geschichte des Bartimäus ist eigentlich schnell erzählt. Damit die Kinder aber in die Geschichte auch wirklich mit Leib und Seele einsteigen können, wird sie am besten Schritt für Schritt »erspielt«. Während also die Geschichte erzählt wird, werden die folgenden Spiele und Übungen an der entsprechenden Stelle eingeflochten.

Betteln

Zwei bis drei Kinder sitzen am Boden und strecken ihre Hand bettelnd aus, während die übrigen Kinder an ihnen vorbeigehen, ohne sie zu beachten oder indem sie abfällige Bemerkungen über sie machen. Nach mehreren Durchgängen sollen die Kinder ihre Empfindungen bei diesem Spiel zum Ausdruck bringen.

Jesus kommt

Unruhe ist in der Stadt. Jesus kommt. Die Leute rennen alle an Bartimäus vorbei zu Jesus. Alles dreht sich um Jesus. Während Bartimäus unbeachtet am Boden sitzt, zieht die Menschenmenge an ihm vorbei: Erst sind die Stimmen (Reden, Lachen) und die Schritte (Trampeln mit den Füßen) noch leise, dann werden sie immer lauter, je näher sie zu Bartimäus kommen, dann ziehen sie weiter und werden wieder leiser.

Diese Episode spielen die Kinder zwei- bis dreimal. Insbesondere »Bartimäus« soll danach über seine Empfindungen und Wünsche während des Spiels sprechen.

Bartimäus schreit

Die Kinder wiederholen das vorherige Spiel mit dem Unterschied, daß Bartimäus diesmal laut schreit: »Jesus, du Sohn Davids, hilf mir!« Auch hier wird nach zwei bis drei Durchgängen über die Gefühle des Bartimäus gesprochen. (Es kann z.B. passieren, daß ein ansonsten stilles Kind sich die Rolle des Bartimäus aussucht und sich zum ersten Mal innerhalb der Gruppe traut, »laut« zu sein, und dies als Wohltat, als Befreiung empfindet.)

Variation:
Die Kinder sollen nun alle ihre Stimmöglichkeiten testen und kennenlernen, indem sie stufenweise ihre Stimmlagen verändern: vom Flüstern und Brummen über das Summen und Singen zum Rufen und Schreien. Wer die Möglichkeit hat, dazu in einen großen Raum (z.B. eine Turnhalle oder sogar eine Kirche) zu gehen, sollte dies unbedingt tun, da hierdurch die Situation echter wird. Nachdem die Kinder ihre Stimme für sich ausprobiert haben, stellen sich immer zwei in die entgegengesetzten Ecken des Raumes und probieren nun, den anderen in verschiedenen Stimmqualitäten anzusprechen.

Vielleicht haben die Kinder bereits selbst Erlebnisse gehabt, in denen die Stärke, die Kraft der Stimme eine Rolle gespielt hat (wenn sie z.B. nach der Mutter gerufen haben, als sie Angst hatten oder eine Verletzung, oder als sie über jemanden schrecklich wütend waren). Die Kinder sollten darüber sprechen, welche Wirkung ihre Stimme auf sie selbst und auf die anderen gehabt hat. Für Bartimäus war das Schreien vielleicht nur Ausdruck von Verzweiflung, vielleicht aber auch der einzige Weg, über seine Möglichkeiten hinauszuwachsen und kraftvoll zu handeln.

Sei still!

Viele Menschen bedrohen Bartimäus und wollen ihn zum Schweigen bringen. Empört halten sie sich die Ohren zu oder schreien zurück: »Sei endlich still!« Doch Bartimäus schreit weiter.

Die Kinder sollen diese Situation nachspielen und dabei nicht nur ihre Stimme, sondern auch ihre Gestik und Mimik einbringen. Nach mehreren Durchgängen sollen sie auch jetzt über ihre Erfahrungen sprechen (z.B. wie störend es ist, wenn ständig jemand dazwischenschreit, während man lieber einem anderen zuhören möchte; oder wie enttäuschend es ist, wenn man stets überhört bzw. einem über den Mund gefahren wird).

Selbstgespräch

Bartimäus führt ein Selbstgespräch, z.B.: »Warum hört denn keiner auf mich? Warum können alle gehen, wohin sie wollen, nur ich nicht?! Wie kann ich nur zu Jesus kommen?«

Dialoge

Einige Kinder unterhalten sich über den störenden Bartimäus.

Jesus läßt rufen

Jesus läßt den Bartimäus zu sich rufen. Wie werden wohl die Menschen reagiert, was werden sie gesagt haben? Die Kinder spielen auch diese Situation nach.

Bartimäus staunt

Worüber hat sich Bartimäus wohl am meisten gefreut, als er wieder sehen konnte? Was wollte er am liebsten sehen? Was hat sich für ihn verändert?

Die Kinder tragen ihre Gedanken dazu zusammen. Zuletzt sollen sie sich selbst fragen: Worüber würde ich mich am meisten freuen, daß ich es wieder sehen kann?

5. Spielen der Geschichte

Je nach dem vorhandenen Zeitumfang können die Kinder die Geschichte noch einmal im ganzen selbständig nachspielen und dabei möglichst viele der vorher erprobten Einzelaspekte einfließen lassen.

6. Aktueller Bezug

6.1 Besuch einer Blindenwerkstatt

Falls es in der Umgebung eine Blindenwerkstatt gibt (bei örtlichen Blindenvereinen erfragen), ist für Kinder ein Besuch dort sehr informativ und eindrucksvoll. Besonders erstaunlich ist es für sie zu erleben, zu welchen Leistungen Blinde fähig sind. Vielleicht erhalten sie sogar selbst die Möglichkeit, die Arbeit der Blinden einmal auszuprobieren.

6.2 Beschaffung von Informationsmaterial

Bei örtlichen Blindenvereinen und der Christoffel-Blindenmission (Nibelungenstr. 124, 64625 Bensheim, Tel. 0 62 51 / 13 10) kann man sich Informationsmaterial beschaffen.

Über den Blindenschrift-Verlag und -Druckerei GmbH »Pauline von Mallinckrodt« (Andreasstr. 20, 33098 Paderborn, Tel.: 0 52 51 / 2 61 09) kann man Blindenschrift-Alphabete, kleine Bücher mit Bibelsprüchen in Blindenschrift, Kalender und Schreibgeräte für Blinde erhalten.

6.3 Sehen lernen

Material: Zeitungen, Zeitschriften, evtl. (Familien-)Fotos, Foto-karton, Scheren, Klebstoff, evtl. Papier und Buntstifte

Aus Zeitungen u.ä. schneiden die Kinder Menschen aus, die – wie Bartimäus – auf Hilfe warten (z.B. Alte, Kranke, Unfallopfer, Men-schen in Kriegsgebieten, Hungernde, Kinder, die nicht lernen kön-nen). Wer möchte, kann auch auf einem selbstgemalten Bild ein persönliches Erlebnis oder eine betroffene Person aus der persönli-chen Umgebung darstellen.

Die Bilder werden im Stuhlkreis in die Mitte auf den Boden ge-legt. Reihum äußert sich zunächst jedes Kind zu seinen persönli-chen Bildern: Was ist zu sehen? Warum wurde das Bild ausge-wählt? Wie fühlen sich die dargestellten Personen? Was wünschen sie sich? Danach werden die Bilder geordnet (siehe oben: Kranke, Alte usw.) und noch mal die jeweilige besondere Situation dieser Menschen zusammengefaßt. Anschließend sucht sich jedes Kind von seinen eigenen Bildern eins oder zwei heraus und klebt sie auf ein DIN-A4-Blatt aus Fotokarton. Die Bilder können auch unter-einander getauscht werden.

Dieses Blatt sollte sich jedes Kind zu Hause gut sichtbar aufbe-wahren mit dem Ziel, besonders auf solche Menschen zu achten, wenn möglich ihnen zu helfen und vielleicht sogar für sie zu beten.

7. Schluß: Tastbilder und -schriften

Metalldrücken

Material: Stabile Metallfolie (im Bastelgeschäft erhältlich), leerge-schriebene Kugelschreiber, ausgedientes Manikürwerkzeug, Sche-re, Zeitungen als Unterlage

Mit Hilfe der Kugelschreiber und des Manikürwerkzeugs können die Kinder auf ein Stück Metallfolie entweder ihren Namen oder ein klei-nes Motiv eindrücken, das man dann auf der Rückseite ertasten kann. (Achtung: Namen müssen spiegelverkehrt geschrieben werden!)

Wollbilder

Material: Feste Pappe, etwas dickere Wollreste (oder auch Seil), Klebstoff, Scheren

Aus Wollresten kleben die Kinder fühlbare Motive auf ein Stück Pappe.

»Tast-Druckerei«

Material: Holzreste, Sandpapier oder Moosgummi, evtl. Buchstaben-Schablonen, Bleistifte, Scheren, Klebstoff

Aus Sandpapier oder Moosgummi schneiden die Kinder Buchstaben aus und kleben daraus auf Holzresten Wörter oder sogar kleine Sätze auf, die man dann mit den Fingern lesen kann.

Blindenschrift-ABC

Material: Kopien des Blindenschrift-Alphabets, (kleine) Styroporplatten, Stecknadeln mit dicken Köpfen

Mit Hilfe des Blindenschrift-Alphabets (s. S. 142) und den Stecknadeln »schreiben« die Kinder auf eine kleine Styroporplatte ihren Namen. Je nach Art der Gruppe kann es auch interessant sein, die Namen aller Kinder auf eine große Styroporplatte zu stecken, wobei jedes Kind seinen Namen in einer Stecknadelfarbe stecken und damit besser von den anderen Namen unterscheiden könnte.

8. Lied

Volltreffer, ja, ein Volltreffer bist Du!

Blindenschrift-Alphabet

A	B	C	D	E	F	G	H	I	J

K	L	M	N	O	P	Q	R	S	T

U	V	X	Y	Z

AU	EU	EI	CH	SCH		ß	ST

ÄU	Ä	IE			Ü	Ö	W

ANMERKUNGEN

Zu: Einleitung

[1] T. Schramm/L. u. W. Jenning/N. Koch/F. Lucassen, Drei Tage mit dem »Dicken Kind«, Hamburg 1992, S. 19 u. 21
[2] Herman Andriessen/Nicolaas Derksen, Lebendige Glaubensvermittlung im Bibliodrama, Mainz 1991, S. 154
[3] nach Yorick Spiegel, in: Antje Kiehn u.a., Bibliodrama, Stuttgart 1992, S. 141
[4] T. Schramm u.a., ebenda, S. 38
[5] Ellynor Barz, Selbstbegegnung im Spiel, Zürich 1988, S. 96

Zu: Abraham

[1] Calwer Bibellexikon, Stuttgart 1989, S. 468
[2] Alfons Rosenberg, Ursymbole und ihre Wandlung, Freiburg 1992, S. 108
[3] Wilhelm Vollmer, Wörterbuch der Mythologie, Reprint, Leipzig 1994, S. 102

Zu: David und Goliat

[1] Fritz Rienecker/Gerhard Maier, Lexikon zur Bibel, Wuppertal 1994, S. 335

Zu: Jesus und die Kinder

[1] Fritz Rienecker/Gerhard Maier, Lexikon zur Bibel, Wuppertal 1994, S. 893
[2] ebenda, S. 808f.

Zu: Die Stillung des Sturmes

[1] Calwer Bibellexikon, Stuttgart 1989, S. 1411
[2] Fritz Rienecker/Gerhard Maier, Lexikon zur Bibel, Wuppertal 1994, S. 1698f.
[3] Alfons Rosenberg, Ursymbole und ihre Wandlung, Freiburg 1992, S. 134

Zu: Das verlorene Schaf

[1] Hans Freudenberg (Hrsg.), Religionsunterricht praktisch, 1. Schuljahr, Göttingen 1994, S. 46
[2] Die Welt der Bibel, Wuppertal 1994, S. 222
[3] Hans Freudenberg, ebenda
[4] ebenda
[5] Die Welt der Bibel

Von der gleichen Autorin:

Auch Indianer haben Geburtstag

Mit Kindern kreativ feiern

208 Seiten, Format 14,5 × 21 cm, Spiralbindung, mit zahlreichen Abbildungen, Bestell-Nr. 224 329

Hilfe – der nächste Kindergeburtstag steht vor der Tür! Keine Sorge, mit diesem Buch können Sie dem großen Ereignis ruhig entgegensehen.

Hier finden Sie viele originelle Ideen zu verschiedenen Themengeburtstagen: Mit Noah in der Arche; ein Dschungelfest; eine Reise um die Welt; bei den Indianern; unterwegs mit Marco Polo; Reise in die Unterwasserwelt; Detektivbüro Spürnase; Trickfilm & Co.; Redaktion »Sage und schreibe«; Spaß-Olympiade.

Aber auch an Einladungen, Dekorationen, Preise und Essen ist gedacht.

Alles zusammen macht den Tag zu einem glücklichen Fest, an das das Geburtstagskind und die kleinen Gäste noch lange denken werden.

R. BROCKHAUS VERLAG WUPPERTAL